Kochen für Babys

EDITION XXL

Inhaltsverzeichnis

- Vorwort 8–9

- **Kapitel 1**
  Muttermilch & Co. 10–21
- **Kapitel 2**
  B(r)eikost 22–45
- **Kapitel 3**
  Mittagsbrei 46–79
- **Kapitel 4**
  Abendbrei 80–99
- **Kapitel 5**
  Nachmittagsbrei 100–115
- **Kapitel 6**
  Ich will mehr! 116–133

- Sonstiges 132–143

- Glossar 144–146
- Register 147–148

Vorwort

Da standen wir nun als frisch gebackene Eltern im Supermarkt, direkt vor dem Regal mit Babynahrung. Nach einem kurzen inneren Jubeln über die unglaubliche Vielfalt kamen erste Zweifel. Die Unsicherheit wurde durch den Blick von Packung zu Packung stärker, bis wir schließlich nach zehn Minuten den Supermarkt mit leeren Händen verließen.

Ganz nach dem Motto: „Wenn du sie nicht überzeugen kannst, verwirr sie!" kam besonders ich mir von der Lebensmittelindustrie etwas überrumpelt vor. Warum gab es da so eine große Vielfalt? Warum wurde mit so vielen Kunstbegriffen gearbeitet und warum gab es schon für Babys Naschereien? Brauchen die so etwas überhaupt?

Als ich wenige Tage später erneut in den Supermarkt schlich – dieses Mal allein und nicht, ohne mich vorher ausführlich zu informieren – war ich schon etwas gelassener und studierte aufmerksam Zutaten- und Zubereitungslisten. Packung für Packung und Glas für Glas. Trotzdem verließ ich den Supermarkt erneut mit leeren Händen – ich wollte schließlich nichts falsch machen.

Schwiegermutter & Co. schlugen bei meinen Bedenken nur noch die Hände über dem Kopf zusammen und erklärten mir, dass auch sie Kinder groß bekommen hätten – mit schnell zubereiteten Produkten vielfältigster Art aus dem Supermarkt. Im Grunde genommen überzeugende Argumente, doch irgendwie wollte ich mehr.

Nach einem Gespräch mit meiner Hebamme und einer Ernährungsberaterin stand schnell fest: Babynahrung ist Mama-Sache und ich will unbedingt selbst mitmischen! Nach einigen Kursen und sehr viel Lektüre war mir klar: Ran an den Brei. Fertignahrung ist gut, aber selbst Gekochtes ist besser. Es ist nicht nur günstiger, sondern man weiß auch ganz genau, was drin ist ... und diese kleine Portion Liebe darin ist nicht zu unterschätzen. Oder was würden Sie wählen, wenn Sie die Wahl zwischen Dosen-Ravioli oder Spaghetti Bolognese von Mama hätten?

Heute, ein gutes Jahr später, muss ich ein wenig über meine anfänglichen Unsicherheiten schmunzeln und denke mir, dass ich es gleich mit dem richtigen Buch in der Hand viel leichter hätte haben können.

Diese Leichtigkeit möchte ich Ihnen gerne schenken – mit allen wirklich wichtigen Informationen rund um das Thema Beikost. Alle Rezepte aus diesem Buch wurden von vielen Babys probiert und die vielen Schritt-für-Schritt-Abbildungen sollen helfen, auch wirklich letzte Unsicherheiten aus dem Weg zu räumen – selbst bei Schwiegermutter & Co.

Ich freue mich, wenn auch Sie zum ersten Mal das zufriedene Lächeln im Gesicht Ihres Kindes sehen, wenn es Mamas oder Papas selbst gekochten Brei aufgegessen hat und nach mehr verlangt.

Ihre

Sonja Sammüller

Muttermilch & Co.

ab der Geburt

Das erste Kapitel dieses Buches möchte ich gerne ganz besonders der Mutter widmen. Nur Sie können letzten Endes entscheiden, ob Sie stillen möchten oder nicht. Zwar kann Ihr Partner oder Ihr weiteres Umfeld Sie unterstützen, doch müssen ganz klar Sie festlegen, auf welche Art und Weise Sie Ihr Baby mit Muttermilch versorgen wollen und können. Ich möchte Ihnen lediglich einige Tipps und Beispiele nennen, die Ihnen einen grundsätzlichen Überblick geben. Wenn Sie weitere Fragen zu diesem Thema haben (und die werden Sie ganz sicher haben), wenden Sie sich am besten an Ihre Hebamme oder eine Stillberaterin in Ihrer Nähe.

Zu meiner persönlichen Erfahrung kann ich Ihnen mit auf den Weg geben, dass ich meinen Sohn Felix ein Jahr lang gestillt habe und ich diese Erfahrung unter keinen Umständen missen möchte.

Neben der liebevollen und innigen Verbindung, die zu dem Kind aufgebaut wurde, war es unendlich praktisch und ich denke noch heute gerne mit einem warmen Herzen an diese Zeit zurück.

Warum stillen?

Noch immer halten sich die Gerüchte hartnäckig, dass Stillen umständlich, zeitaufwendig und nicht unbedingt gut für das Baby sei. Diese Aussagen sind völlig falsch und es gibt sehr wohl wichtige Argumente für das Stillen:

1. Die Zusammensetzung von Muttermilch ist optimal auf die Bedürfnisse Ihres Babys zugeschnitten. Wenn Ihr Kind also z. B. krank ist, bilden sich in Ihrer Milch Abwehrstoffe gegen die Erreger.
2. Stillen beugt Übergewicht vor.
3. Muttermilch ist leicht verdaulich.
4. Muttermilch bietet Schutz vor verschiedenen Krankheiten, so z. B. vor Magen-Darm-Infektionen.
5. Wenn Sie in den ersten Monaten ausschließlich stillen, so hilft dies, Allergien vorzubeugen.
6. Die Omega-3-Fettsäuren in Ihrer Nahrung wirken sich positiv auf die Intelligenz Ihres Kindes aus.

Doch nicht nur Ihr Baby profitiert bei dem Genuss von Muttermilch, auch Sie haben etwas davon:

1. Muttermilch ist leicht verfügbar, richtig temperiert und absolut steril. Diesen Vorteil werden Sie besonders in der Nacht oder wenn Sie nicht zu Hause sind zu schätzen wissen
2. Durch das Saugen Ihres Babys wird das Hormon Oxytocin freigesetzt. Dieses Hormon bewirkt zum einen, dass die Milch einschießt, aber auch, dass sich die Gebärmutter zurückbildet.
3. Ihre Figur kommt wieder in Form, denn Ihr Körper baut die Reserven ab, die er fürs Stillen angelegt hat.
4. Durch das Stillen kommt Ruhe in den Alltag. Die Minuten des Stillens gehören Ihnen und Ihrem Baby. Genießen Sie das wenn möglich an einem gemütlichen Platz.
5. Sie sparen Geld!
6. Zwischen Ihnen und Ihrem Kind entsteht eine sehr innige Beziehung.

Wie setzen sich Vormilch und Muttermilch zusammen?

Direkt nach der Geburt produziert die Brust in der ersten Woche eine Art Vormilch, das sogenannte **Kolostrum**. Das Kolostrum, meist eine gelbliche Flüssigkeit und etwas dicker als die übliche Muttermilch, enthält einen etwa zehnfach höheren Anteil an Beta-Karotin.

Beta-Karotin und Vitamin E stärken die Abwehrkräfte und machen freie Radikale während des ersten Lebensabschnittes Ihres Babys unschädlich. Das Kolostrum ist auch reich an Immunoproteinen wie zum Beispiel einige spezifische Antikörper, die Ihr Baby vor Infektionen im Verdauungstrakt schützen. Das Kolostrum unterstützt so das noch in der Entwicklung befindliche Immunsystem Ihres Säuglings. Außerdem vermutet man, dass das Kolostrum auch die Neigung zu Allergien und Asthma vermindert.

Die eigentliche **Muttermilch** ist weiß und cremig. Sie ist eine komplexe Substanz, die sich aus fast 200 verschiedenen Bestandteilen zusammensetzt. Sie enthält neben Wasser die für Ihr Baby wichtige Nährstoffzusammensetzung aus Eiweiß, Kohlenhydraten, Fett, Mineralien, Spurenelementen sowie Vitaminen. Die Muttermilch enthält ferner Enzyme, die dem Säugling eine bessere Verdauung der Nährstoffe ermöglichen, verschiedene Immunstoffe, die den Säugling vor Infektionen schützen, und Hormone, die das Wachstum beeinflussen. Das Baby verdaut eine Brustmahlzeit innerhalb von zwei Stunden. Konsistenz und Konzentration der Inhaltsstoffe der Muttermilch können von Frau zu Frau stark unterschiedlich sein, was unter anderem auch von der Ernährung und dem Ernährungszustand zusammenhängt. Wenn Sie zum Beispiel selbst eine Mahlzeit ausfallen lassen, wird auch Ihre Muttermilch beim nächsten Stillen weniger Fett enthalten. Wenn Sie Alkohol, Kaffee oder Nikotin konsumieren, nimmt Ihr Kind diese Stoffe ebenfalls mit der Muttermilch auf. Deswegen ist eine ausgewogene und nährstoffreiche Ernährung nicht nur für Sie, sondern auch für die Qualität der Muttermilch entscheidend. Machen Sie keinesfalls eine Diät, solange Sie stillen. In einer Untersuchung wurde sogar festgestellt, dass die Muttermilch nach einer Frühgeburt anders zusammengesetzt ist als nach einer normal ausgetragenen Schwangerschaft. Die Nährstoffbedürfnisse eines Frühgeborenen sind andere als die eines termingerecht geborenen Säuglings, und die Muttermilch passt sich daran an.

Wann beginne ich mit dem Stillen?

Beginnen Sie mit dem Stillen unmittelbar nach der Geburt. Legen Sie Ihr Baby nach ein paar Minuten Ruhe sofort an. Helfen Sie dem Neugeborenen, die Brustwarze zu finden. Es wird, sobald es am Ziel ist, eifrig zu saugen beginnen. Für die Milchbildung ist es sehr wichtig, dass Sie die Brust so bald wie möglich von Ihrem Baby stimulieren lassen.

Besprechen Sie dies auch schon im Voraus mit Ihrer Hebamme oder einer anderen vertrauten Person, die Sie bei der Geburt begleitet. Diese kann helfen bzw. Unterstützung holen, wenn es darum geht, die richtige Stillposition zu finden.

Weitere Hilfsmittel benötigen Sie zum Stillen nicht, doch können Sie sich schon vor der Entbindung ein Stillkissen, Stilleinlagen und etwas Wollwachs zur Beruhigung der Brustwarzen zulegen.

Wie lege ich mein Baby an die Brust an?

Setzen oder legen Sie sich entspannt hin. Wenn Sie sich für das Stillen im Sitzen entschieden haben, sollten Ihre Arme und Ihr Rücken gut abgestützt sein. Das Baby liegt mit seinem Bauch an Ihrem und sein Kopf ist ein wenig nach hinten gebeugt, damit seine Nase frei bleibt. Die meisten Säuglinge beginnen zu suchen und schließlich zu saugen, sobald sie die Brustwarze an ihrer Wange spüren. Reagiert Ihr Kind nicht oder ist es schläfrig, streicheln Sie mit Ihren Fingerspitzen über seine Wange bis zu den Lippen. Das Baby dreht daraufhin den Kopf zur gestreichelten Seite und sucht mit offenem Mund die Brust. Streicheln Sie das Baby nicht über beide Wangen, da das Ihr Kind verwirrt. Das Baby sollte so lange wie möglich an der ersten Brust saugen, bevor es zur anderen wechselt.

Um richtig saugen zu können, muss Ihr Baby die Brustwarze richtig im Mund haben, und zwar die ganze Brustwarze mitsamt dem Warzenvorhof, dem dunklen Ring, der die Brustwarze umgibt. Ist dies nicht der Fall, kann das Baby kein Vakuum zwischen seiner Zunge und dem weichen, hinteren Teil seines Gaumens erzeugen.

Saugt das Baby nur am äußeren Teil der Brustwarze, wird die Brustwarze wund. Um das Baby erneut anzulegen, streicheln Sie es wie oben beschrieben. Lässt es die Brustwarze nicht los, schieben Sie vorsichtig Ihren kleinen Finger in den Mundwinkel Ihres Kindes, damit sich das Vakuum löst. Legen Sie es dann erneut an die Brust an.

Wie oft muss ich stillen?

Auch hier brodelt es leider nach wie vor in der Gerüchteküche. Mein Umfeld z. B. wollte immer wissen, in was für einem Stunden-Takt ich stille. Eine Frage, die ich nicht beantworten konnte, denn gestillt wird nach Bedarf. Natürlich gibt es Richtwerte – die allerdings nicht nur den Stunden-Takt vorgeben –, die Ihnen zeigen, dass Ihr Baby genug Nahrung aufnimmt:
- Ihr Baby nässt täglich sechs bis acht Windeln gut durch.
- Ihr Baby nimmt 100 bis 200 Gramm pro Woche zu – was etwa 400 bis 800 Gramm pro Monat entspricht.
- In den ersten zwei Wochen trinkt Ihr Baby in etwa alle zwei bis drei Stunden, d. h. sechs bis elf Mahlzeiten in 24 Stunden. Danach reduzieren sich die Still-Mahlzeiten auf etwa sechs bis acht in 24 Stunden.
- Ihr Baby hat glatte Haut, es reagiert auf alles um sich herum und es bewegt sich normal.

Nimmt Ihr Baby normal an Gewicht zu und verbraucht eine Menge Windeln am Tag, brauchen Sie nicht nervös zu sein, selbst wenn es häufiger trinken will. Babys verhalten sich individuell, aber alle haben ein großes Saug- und Kontaktbedürfnis.

Habe ich genug Milch?

Ja, denn hier verhält es sich wie bei einer gesunden Marktwirtschaft: Die Menge wird durch den Bedarf bestimmt! Die Produktion der Milch ist auf die Nachfrage Ihres Babys abgestimmt. Im Schnitt produzieren die Milchdrüsen ca. 750 ml Milch pro Tag. Beim Stillen ist es wichtig, bei jeder Mahlzeit beide Brüste von Ihrem Baby leer trinken zu lassen, damit auch gleichmäßig produziert wird.

Unmittelbar nach der Geburt beginnt die Brust, Muttermilch zu produzieren. Die weitere Produktion der Muttermilch hängt aber dann davon ab, ob tatsächlich gestillt wird. Denn nur wenn ein Baby wirklich an der Brust saugt, wird weiterhin Muttermilch in den Brustdrüsen hergestellt und auch freigesetzt. Hierbei sind Hormone aktiv: Durch das Saugen an der Brust wird in der Hirnanhangdrüse die Produktion des Hormons Oxytocin angeregt, das wiederum die weitere Produktion und Ausschüttung der Milch in der benötigten Menge übernimmt. Das hat zur Folge, dass beispielsweise auch Zwillinge genügend Milch erhalten oder dass eine Frau ohne Probleme auch ein weiteres Kind mit ihrer Brust ernähren kann (was ja in früheren Zeiten die Ammen taten).

Was mache ich, wenn ich einmal unterwegs bin?

Wenn Sie für ein paar Stunden von Ihrem Baby getrennt sind, dann können Sie vorab Milch abpumpen und einlagern. Auf diese Art kann Ihr Baby die Vorteile der Muttermilch weiterhin genießen, auch wenn sie ihm von jemand anderem gefüttert wird.

Wie pumpe ich die Milch ab?

Wie das Stillen ist auch das Abpumpen nicht schwierig, aber es erfordert etwas Übung.

Nehmen Sie sich für das Abpumpen genug Zeit und seien Sie nicht ungeduldig. Es kann schon sein, dass beim ersten Mal keine oder nur wenig Milch kommt. Manchmal braucht der Körper eine Weile, bis er auf die Milchpumpe mit dem gleichen Milchfluss reagiert wie auf das saugende Baby.

Grundsätzlich empfehle ich Ihnen eine Handmilchpumpe, die frei von Bisphenol A ist. Diese können Sie ganz leicht überall mit hinnehmen und sind völlig unabhängig von einer Stromquelle.

Machen Sie sich schon vor dem ersten Gebrauch mit der Milchpumpe vertraut und folgen Sie der Gebrauchsanweisung. Waschen Sie sich immer die Hände, bevor Sie beginnen, und sorgen Sie dafür, dass Sie es bequem haben. Legen Sie den Trichter der Pumpe an. Die Brustwarze sollte in der Mitte des Trichters sein. Massieren Sie die Brust kreisförmig von außen nach innen, um den Milchfluss anzuregen. Stellen Sie sich während des Pumpens Ihr Baby vor oder – noch besser – sehen Sie es an, egal ob auf einem Foto oder im „Original".

Wie bewahre ich Muttermilch auf?

Die frisch abgepumpte Muttermilch können Sie z. B. in einem sterilen Muttermilchbeutel im Kühlschrank oder Gefrierfach aufbewahren. Im Kühlschrank kann sie zwischen 4° C und 6° C 72 Stunden lang aufbewahrt werden. Im Gefrierfach hält sie sich bei −18° C drei Monate.

Lassen Sie die tiefgefrorene Milch im Kühlschrank auftauen und erwärmen Sie diese bei Bedarf auf ca. 35° C. Die Milch darf auf keinen Fall wärmer werden, da sonst die wertvollen Inhaltsstoffe zerstört werden.

Warum sterilisieren, wenn ich doch stille?

Wenn Sie ausschließlich stillen, muss die Sache mit dem Sterilisieren Sie zunächst nicht kümmern, doch spätestens wenn Sie Milch abpumpen, müssen Sie alle Regeln der Sterilität einhalten, denn im ersten Lebensjahr sind Babys für Viren, Bakterien und Parasiten noch sehr anfällig. Diese können einen leichten Infekt bis hin zu einer schweren Magen- und Darminfektion verursachen. Die Symptome sind denen einer Lebensmittelvergiftung ziemlich ähnlich, die da wären: Brechdurchfall, Durchfall und massive Dehydrierung. Früher, als das Sterilisieren des Flaschen-Zubehörs noch nicht Standard war, sind viele Babys an solchen Infektionen gestorben. Heute dagegen tun manche jungen Eltern auch zu viel des Guten. Es ist unmöglich – und auch nicht sinnvoll – eine keimfreie Umwelt für Ihr Baby schaffen zu wollen. Einige Risiken können Sie jedoch minimieren, damit Ihr Baby im ersten Lebensjahr nicht an solchen Infekten erkrankt.

Wann ist es besser, nicht zu stillen?

In der Tat gibt es nur wenige, aber dennoch wichtige Gründe, nicht zu stillen:

1. Wenn die Mutter regelmäßig Medikamente einnehmen muss, welche die Muttermilch und somit das Baby beeinflussen.
2. Eine Aidserkrankung.
3. Eine schwere Erkrankung der Mutter, die sie zu sehr schwächt.
4. Wenn Berufs-, Karriere- oder Familienplanung nicht ermöglichen, dass die Mutter den ganzen Tag bei Ihrem Kind ist.

Trotz der Enttäuschung oder vielleicht auch praktischen Entscheidung, nicht zu stillen, bietet sich so eine schöne Chance für den Vater, an der Fütterung des Kindes teilhaben zu können und mehr Nähe zu ihm aufzubauen. Machen Sie sich die gleichen Rituale zueigen, wie ich sie für das Stillen vorgeschlagen habe: Suchen Sie sich einen ruhigen Ort und genießen Sie die körperliche Nähe zu Ihrem Kind.

Was ist der beste Ersatz für Muttermilch?

Wenn Sie nicht stillen, ist es inzwischen viel einfacher geworden, Ihr Kind auch ohne die Muttermilch optimal zu ernähren. Verwenden Sie bitte ausschließlich Fertigmilchnahrung! Sie wird nach strengen EG-Richtlinien hergestellt, das bedeutet, dass sie wirklich alles enthält, was Ihr Baby benötigt. Die Herstellung einer so vollwertigen, absolut hygienischen Nahrung ist im privaten Haushalt nicht möglich. Es besteht das Risiko einer Nährstoff-Unterversorgung und es können Infektionen aufgrund mangelnder Hygiene entstehen. Das Angebot der Fertigmilchnahrung ist umfangreich: Man unterscheidet zwischen Pre-Nahrung, Dauermilch und Folgemilch. Diese Begriffe werde ich gleich noch für Sie aufschlüsseln. Achten Sie darauf, dass wenn die Silbe „-milch" in der Produktbezeichnung vorkommt, die Basis Kuhmilch ist, und wenn diese Silbe fehlt, die Basis Sojamilch ist.

Pre-Nahrung – die Nahrung ab dem 1. Tag

Die Pre-Nahrung ist der Muttermilch sehr ähnlich. Da die Muttermilch im Gegensatz zur Kuhmilch einen niedrigeren Eiweißgehalt besitzt, ist bei der Pre-Nahrung der Eiweißgehalt reduziert. Auch die Struktur des Eiweißes ist verändert. Pre-Milch enthält genau wie die Muttermilch mehr Molkeeiweiß und weniger Kaseine.

Milchzucker (Laktose) ist das einzige beigefügte Kohlenhydrat. Daher ist die Pre-Nahrung von der Konsistenz her sehr dünnflüssig und nach Bedarf zu füttern. Pre-Nahrung kann im ganzen ersten Lebensjahr auch als Zusatznahrung gegeben werden. Aufgrund des geringen Kohlenhydratanteils und der Dünnflüssigkeit droht keine Überfütterung.

Pre-Nahrung wird heute auch zusätzlich mit dem gesundheitsfördernden Zusatz „LCP" angeboten. Das sind spezielle langkettige, mehrfach ungesättigte Fettsäuren, die ein Neugeborenes für die Gehirnreifung und die Entwicklung des Sehvermögens braucht, aber noch nicht selbst bilden kann.

1er-Nahrung (Dauermilch) – mit mehr Kohlenhydraten

Die Milch mit der Ziffer 1 ist der Muttermilch nur teilweise angeglichen. Sie enthält als Kohlenhydrat zusätzlich Stärke und manchmal Zucker. Die 1er-Nahrung ist daher dickflüssiger, sie bleibt länger im Magen und ist sättigender. Durch die vermehrte Zugabe von Kohlenhydraten wird die Nahrung energiereicher und kann nicht mehr uneingeschränkt verfüttert werden. Um eine Überfütterung zu vermeiden, sollten Sie sich bei dieser Nahrung auf jeden Fall an die angegebene Trinkmenge halten. Achten Sie beim Kauf der 1er-Nahrung auf die Zutatenliste. Neben Milchzucker (Laktose) und Stärke sollten keine weiteren Kohlenhydrate wie z. B. Maltodextrine oder Zucker zugesetzt sein. Das Verfüttern der 1er-Nahrung ist frühestens ab dem 4. Monat zu empfehlen. Vorher sind die Verdauungsorgane Ihres Kindes noch zu unreif. Wenn Sie nach dem 4. Monat mit der Beikost beginnen, ist Pre-Nahrung eine gute Alternative.

2er-Nahrung (Folgemilch)

Folgemilch ist meist dickflüssiger und eiweißreicher als die 1er-Nahrung. Sie ist auf die Bedürfnisse des älteren Kindes abgestimmt. Durch den höheren Protein- und Mineralstoffgehalt ist die Folgemilch eine stärkere Belastung für die Nieren des Kindes. Daher sollte die Folgemilch erst ab dem 5. Monat verfüttert werden. Die 2er-Nahrung sowie die darauffolgende 3er-Nahrung (für ab dem 8. Monat) ist völlig überflüssig, wenn Sie ab dem 5. Monat mit der Beikost beginnen.

HA-Nahrung – eine spezielle Säuglingsmilch

Falls Sie oder Ihr Partner an einer Allergie leiden, ist das Risiko für Ihr Kind größer, ebenfalls an einer Allergie zu erkranken. Sie beugen einer Allergie am besten vor, indem Sie Ihr Kind sechs Monate voll stillen. Da die Muttermilch nur menschliches Eiweiß enthält, kann der Kontakt mit allergenem Fremdeiweiß durch langes Stillen vorerst vermieden werden. Später, wenn der Stoffwechsel und die inneren Organe des Babys reifer sind, ist das Zuführen von Fremdeiweiß nicht mehr so problematisch.

Ist Ihnen das Stillen nicht möglich, können Sie Ihr Kind mit einer **H**ypo**a**llergenen Säuglingsnahrung ernähren. Diese Spezialnahrung ist ganz normal im Handel erhältlich. Sie enthält zwar ebenfalls Fremdeiweiß, doch dieses wird bei der **HA**-Nahrung aufgespalten und verliert dadurch seine allergieauslösende

Wirkung fast vollständig. So ist die Babykost besser verträglich. Die HA-Milch ist jedoch nicht für Kinder mit einer Stoffwechselkrankheit geeignet. Diese Kinder benötigen eine besondere Nahrung, die ganz auf ihre Behandlung abgestimmt ist. Wenn Ihnen in Bezug auf die Ernährung Ihres Kindes etwas Ungewöhnliches auffällt, sollten Sie sich an einen Arzt wenden.

Wie oft muss ich füttern?

Hier ist es ähnlich wie beim Stillen: Die Pre-Nahrung wird nach Bedarf gefüttert. Mit der 1er-Nahrung sollten Sie schon anders umgehen, da sie länger sättigt. Versuchen Sie z. B., ab dem 4. Monat etwas mehr Struktur in den Fütterungsablauf zu bekommen und geben Sie Ihrem Baby fünf Portionen über den Tag verteilt.

Die letzte Mahlzeit kann es gegen Mitternacht bekommen. Dies reicht aus, um Ihr Baby über die Nacht hinweg zu sättigen.

Welches Zubehör benötige ich?

Grundsätzlich wird hier viel mehr angeboten, als Sie letzten Endes wirklich brauchen werden. Kaufen Sie bitte nach Bedarf und bunkern Sie nicht schon vor der Entbindung einen großen Vorrat. Die Praxis wird Ihnen zeigen, was Sie auf alle Fälle benötigen werden. Zu diesen Dingen gehören:

● **Leitungswasser**

Sie können das Wasser aus Ihrer Leitung nutzen, wenn Sie im Haus keine Bleirohre haben und wenn der Nitratgehalt im Wasser unter 20 mg/l liegt. Sollte dies nicht der Fall sein, verwenden Sie bitte stilles Mineralwasser aus dem Supermarkt. Durch den Vermerk „für Säuglingsnahrung geeignet" können Sie sichergehen, dass das Wasser maximal 10 mg Nitrat, 20 mg Natrium und 1,5 mg Fluorid enthält. Dies können Sie auch auf anderen Mineralwasserflaschen ohne diesen Vermerk prüfen und sparen dadurch eventuell den einen oder anderen Cent. Vor der Verwendung kochen Sie das Wasser in den ersten sechs Monaten immer ab.

● **Fläschchen**

Zunächst müssen Sie sich zwischen einer Kunststoffflasche oder Glasflasche entscheiden. Kunststoffflaschen sind besonders widerstandsfähig und liegen leicht in der Hand. Achten Sie darauf, dass der Kunststoff frei von Bisphenol A ist. Glasflaschen werden sehr heiß, haben allerdings den Vorteil, dass sie keine Verfärbungen annehmen und somit nach jedem Spülgang so schön sind wie am ersten Tag.

- **Sauger**

Diese erhalten Sie aus Silikon oder Latex. Für unterschiedliche Altersgruppen gibt es unterschiedliche Größen. Das Loch im Sauger sollten Sie nicht zu dick wählen, denn das führt unter Umständen zu Überfütterung und dass das Kind trinkfaul wird. Bitte bedenken Sie, dass Fläschchen und Sauger während der ersten acht Monate unbedingt sterilisiert werden müssen.

Warum muss ich die Fläschchen, Sauger & Co. überhaupt sterilisieren?

Auswaschen mit Spülmittel allein genügt nicht. Natürlich müssen vor der eigentlichen Sterilisation der Sauger und die Flasche frei von Milchrückständen sein. Spülen Sie die Flaschen und Sauger gründlich durch und achten Sie darauf, dass das Loch des Saugers nicht verstopft ist.

Kontrollieren Sie ständig Ihre Flaschen und Sauger auf Beschädigungen. Im Fall von Rissen oder Oberflächenbeschädigungen werfen Sie die Flasche oder den Sauger weg, denn an diesen Stellen können sich wunderbar Bakterien ansiedeln. Vergewissern Sie sich, dass die Flaschen nach der Sterilisation völlig trocken sind und sich kein Nahrungsrest mehr in den Flaschen befindet.

Immer öfter wird auch der Geschirrspüler zum Reinigen von Flaschen genutzt. Um sie jedoch steril zu bekommen, müssen Sie ein heißes Programm verwenden, das über 70° C aufheizt. Schauen Sie in der Betriebsanleitung Ihres Geschirrspülers nach, welches Programm das richtige ist. Denn erst bei einer Temperatur von 70° C werden schädliche Keime abgetötet.

Ich persönlich habe Fläschchen und Sauger meines Sohnes bis zum 8. Monat immer und ab dann bis zum ersten Lebensjahr in immer größeren Abständen sterilisiert. Die Methode des „Auskochens" kann ich in diesem Zusammenhang absolut empfehlen.

Wie wird sterilisiert?

Mikrowellen-Geräte und elektrische Vaporisatoren (Dampfsterilisatoren) haben in den letzten Jahren an Popularität gewonnen. Manchmal gibt es aber weder eine Mikrowelle noch einen elektrischen Anschluss. Dann ist es hilfreich, sich auch mit den Alternativmethoden wie Auskochen und Kalt-Wasser-Sterilisation auszukennen.

- **Dampfsterilisation**

Das elektrische Dampfsterilisieren basiert auf der Methode, die auch im Krankenhaus angewandt wird – sie ist schnell und sicher. Diese Art der Sterilisation dauert circa acht bis zwölf Minuten plus Abkühlzeit. Beachten Sie, dass Sie nur hitzebeständige Flaschen und Sauger verwenden. Bei Teilen von Milchpumpen müssen Sie z. B. vorsichtig sein. Oftmals vertragen diese Teile nicht so hohe Temperaturen. Flaschen, Sauger usw. müssen mit der Öffnung nach unten platziert werden, damit sie richtig sterilisiert werden. **Achtung:** Verbrennen Sie sich nicht an dem heißen Dampf, wenn Sie den Deckel abnehmen! Der große Vorteil bei diesesr Art der Sterilisation ist, dass die Flaschen bis zu drei Stunden steril bleiben, wenn Sie den Deckel auf dem Sterilisator lassen.

Es gibt auch Vaporisatoren für die Mikrowelle. Sie sind leicht zu transportieren und deshalb ideal für unterwegs – vorausgesetzt, es gibt dort, wo Sie sich befinden, eine Mikrowelle.

- **Auskochen**

Eine Alternative ist das Auskochen der Flaschen und Sauger in kochendem Wasser. Das dauert circa zehn Minuten. Den Topf, den Sie hierfür verwenden, sollten Sie ausschließlich für diesen Zweck nutzen. Noch ein Hinweis: Die Sauger werden bei dieser Methode der Sterilisation leider etwas unansehnlich und klebrig.

- **Kalt-Wasser-Sterilisation**

Hierfür wird eine für den Menschen harmlose Kaltwasser-Lösung verwendet, die aber effektiv gegen Bakterien wirkt. Die Lösung gibt es von verschiedenen Firmen in Tablettenform. Sie muss täglich neu mit abgekochtem Wasser angesetzt werden. Sie können spezielle Behälter für diese Art der Sterilisation kaufen. Es funktioniert aber auch mit jedem anderen Behälter, der einen Deckel hat und groß genug ist. Es muss gewährleistet sein, dass alle zu sterilisierenden Teile vollständig mit Wasser bedeckt sind. Kontrollieren Sie bitte, dass sich keine Luftblasen in den Flaschen befinden, da sie die Sterilisation beeinträchtigen. Nach etwa einer halben Stunde sind die Flaschen und Sauger keimfrei und können nun aus der Lösung genommen werden. Achten Sie darauf, dass Sie saubere Hände haben. Danach sollte die Flasche mit abgekochtem Wasser ausgespült und möglichst schnell benutzt werden.

Lassen Sie sterile Flaschen offen stehen, war alle Arbeit umsonst. Unsere Umgebung ist nicht keimfrei und würde somit die Flaschen wieder verunreinigen. Um dies zu vermeiden, gibt es spezielle Aufbewahrungsbehälter. Darin können Sie die Flaschen lagern und bei Bedarf entnehmen.

Wie lange muss ich Flaschen sterilisieren?

Während der ersten acht Monate ist es notwendig, die Flaschen zu sterilisieren – auch wenn Ihnen das manchmal überflüssig erscheint. Das Immunsystem eines Säuglings ist am Anfang noch nicht ausgereift und deshalb besonders anfällig für Infektionen. Ab dem achten Monat, wenn ein Baby anfängt zu krabbeln und gerne alles in den Mund steckt, ist eine penible Desinfizierung nicht mehr so nötig.

Eine gründliche Reinigung ist aber nach wie vor wichtig, gern auch in der Spülmaschine. Zusätzlich können Sie Sauger und Schnuller in regelmäßigen Abständen wie oben beschrieben keimfrei machen.

Was braucht mein Baby noch außer Muttermilch?

Ob nun in natürlicher Form oder als Ersatzprodukt, in den ersten vier Monaten benötigt ein gesundes Baby nichts Zusätzliches. Es gibt allerdings einige zusätzliche Dinge, die ich Ihnen aus eigener Erfahrung dennoch empfehlen kann:

- **In den Sommermonaten**

Mein Sohn wurde im Juli geboren. Tagsüber war es jeden Tag über 30°C warm und Felix wollte fast im Stunden-Takt gestillt werden. Auf einen Rat der Hebamme hin habe ich ihm zusätzlich Wasser in einem Fläschchen gegeben – und siehe da, er war damit zufrieden! Er hatte also keinen Hunger, sondern aufgrund der Hitze und trockenen Luft einfach nur Durst. So hat er über ein paar Tage hinweg ca. alle ein bis zwei Stunden ein wenig Wasser getrunken und war zufrieden. Als die Temperaturen sanken, genügte ihm das Stillen wieder völlig.

- **Vitamin D**

Vitamin D ist in der Muttermilch und den meisten Säuglingsnahrungen nicht in ausreichendem Maße enthalten. Bei Mangel an Vitamin D kann Rachitis entstehen. „Rachis" bedeutet Wirbelsäule. Folgen einer Rachitis können eine Verkrümmung der Wirbelsäule, eine Hühnerbrust oder O-Beine sein. Geben Sie Ihrem Kind deshalb von der zweiten Woche bis zum Ende des ersten Lebensjahres zusätzlich vorbeugende Vitamin-D-Tabletten.

Wann sollte ich abstillen?

Zwar empfehlen die Weltgesundheitsbehörde (WHO) und die Deutsche Gesellschaft für Ernährung (DGE), Kinder mindestens ein halbes Jahr zu stillen. Doch letztlich bestimmen Sie und Ihr Baby selbst, wie lange es Muttermilch geben soll. So ist es dem Mutter-Kind-Verhältnis nicht zuträglich, wenn die Frau nur aus Pflichtgefühl stillt und das Füttern an der Brust für sie eine große Last darstellt. Das würde sie nur verdrießlich stimmen, worunter vor allem ihr Kind zu leiden hätte. Die gesundheitlichen Vorteile des Fütterns an der Brust wiegen also die seelischen Konflikte nicht auf.

Zwischen dem 5. und 6. Monat beginnen Sie mit der Beikost. Das bedeutet jedoch keinesfalls, dass Sie auch sofort mit dem Stillen aufhören. Nach und nach wird immer eine Stillmahlzeit mehr durch die Beikost ersetzt. Somit stillen Sie auf die sanfte Art ab, was ich Ihnen auch empfehle. Denn so kann sich Ihr Baby über mehrere Wochen hinweg psychisch umstellen und an die Breinahrung gewöhnen. Doch nicht nur für Ihr Baby, sondern auch für Sie ist das die sensibelste Art der Entwöhnung.

Wenn Sie schnell abstillen müssen, weil Sie z. B. hochdosierte Medikamente einnehmen oder früher in den Beruf zurück müssen als geplant, sollten Sie einiges beachten. Sprechen Sie das am besten vorher mit Ihrer Hebamme oder einer Stillberaterin ab. Es könnte sich ein schmerzhafter Milchstau bilden, der entweder durch alte Hausmittel oder einen Prolaktin-Produktion-Hemmer behoben werden kann. Doch nicht nur bei Ihnen, sondern auch bei Ihrem Baby kann diese Methode Folgen haben. Durch die plötzlich fehlende Nähe fühlt es sich verloren. In dieser Situation ist es besonders wichtig, dass sich Mutter und Vater innig um körperliche Nähe zu dem Kind bemühen.

B(r)eikost

Wissenswertes rund um die Ernährung im ersten Jahr

Ernährungsplan für das 1. Lebensjahr

B(r)eikost

Alter (Monate)	1	2	3	4	5	6
Morgens	Muttermilch oder Fertigmilchnahrung (ohne feste Zeiten)					
Mittags	Muttermilch oder Fertigmilchnahrung (ohne feste Zeiten)					
Nachmittags	Muttermilch oder Fertigmilchnahrung (ohne feste Zeiten)					
Abends	Muttermilch oder Fertigmilchnahrung (ohne feste Zeiten)					

- Muttermilch oder Fertigmilchnahrung
- abgekochtes Wasser
- ungesüßte dünne Kräutertees

Gemüse: Kartoffel, Knollensellerie, Kohlrabi, Kürbis, Möhre, Pastinake, Salatgurke

Fleisch: Geflügel, Lamm, Rind, Schwein

Obst & Direktsaft: Apfel, Banane, Birne, Melone

Getreide, Flocken & Co.: Grieß (z. B. Vollkorn- oder Dinkelgrieß), Hirse, Hirseflocken, (Instant-)Haferflocken, Maisgrieß, Reis, Reisflocken, Reiswaffeln, Schmelzflocken, Vollkornzwieback

Außerdem: Kuhmilch nur in Verbindung mit Milchbrei, Maiskeimöl, Rapsöl

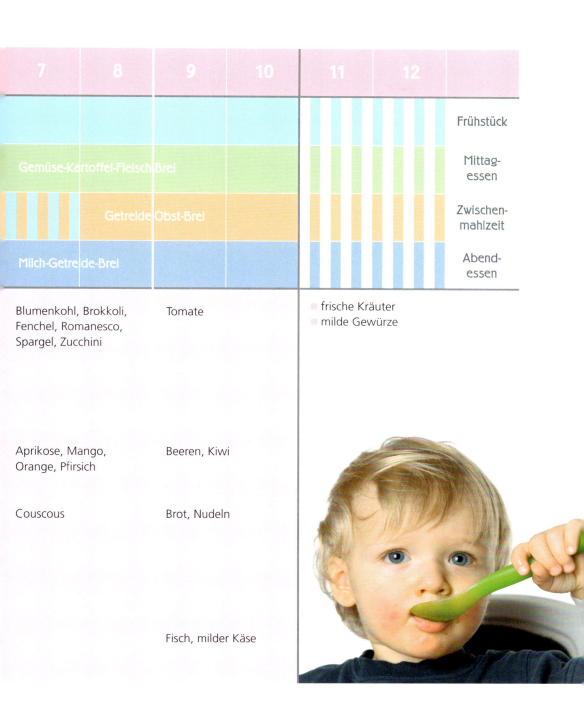

Welche Lebensmittel sind im 1. Lebensjahr verboten?

Für Babys ohne Allergien sind die folgenden Lebensmittel im 1. Lebensjahr absolut tabu:

Lebensmittel	Information
Alkohol	Ist für Kinder giftig und sollte stets absolut außer Reichweite von Kindern gelagert werden.
Honig	Kann Botulismussporen enthalten, die im unreifen Darm des Babys keimen. Dies führt zu einer Vergiftung, die tödlich enden kann.
Hülsenfrüchte wie z. B. Erbsen, Linsen, Bohnen/Zwiebeln und Lauch	Führen beim Baby zu Blähungen.
Kaltgepresste Öle	Enthalten Schadstoffe und Peroxide, welche die Leber des Babys nicht entgiften kann.
Künstliche Süßstoffe	Vertragen Babys schlecht.
Kurz gebratenes Fleisch und Geflügel	Gefahr durch Salmonellen.
Nüsse	Ganze Nüsse, insbesondere Erdnüsse, Kindern erst mit drei Jahren geben. Es besteht Erstickungsgefahr, wenn eine Nuss in die Luftröhre gelangt.
Quark	Enthält viel Eiweiß, das die Nieren zu stark belastet.
Pure Kuhmilch	Wird im 1. Lebensjahr noch nicht vertragen.
Rohe Eier und Rohmilch	Gefahr durch Salmonellen.
Salat	Können Babys noch nicht kauen und verschlucken sich daran nur.
Salz	Belastet die Nieren zu stark.
Scharfe Gewürze	Vertragen Babys schlecht.

Ist mein Kind allergiegefährdet?

Das Risiko, eine allergische Erkrankung zu entwickeln, wird vererbt. So liegt die Wahrscheinlichkeit einer Allergie bei einem Kind, das kein Familienmitglied mit Allergie hat, bei 5–15 %. Hat allerdings ein Elternteil eine Allergie, so liegt die Wahrscheinlichkeit für das Kind schon bei 20–40 %. Und wenn beide Elternteile eine Allergie aufweisen, so steigt die Wahrscheinlichkeit bei dem Kind auf 50–80 %.

Was auch immer der Auslöser für eine Allergie sein mag, die Symptome einer Allergie ähneln sich. Am weitesten verbreitet sind Hautausschläge, Durchfall, Erbrechen, Heuschnupfen und Asthma.

Obwohl das Risiko einer Allergie vererbt wird, haben Sie durchaus Einfluss darauf, dass die Allergie gar nicht oder zumindest möglichst spät ausbricht. Das beginnt schon während der Schwangerschaft: Babys von Raucherinnen leiden häufiger an Allergien. Auch Stillen kann das Baby vor dem Ausbruch einer Allergie schützen.

Seien Sie bei der Einführung von Breikost bei einem allergiegefährdeten Baby besonders sensibel und halten Sie bei Unsicherheiten stets Rücksprache mit dem Arzt oder einer Ernährungsberaterin.

Was gebe ich meinem Baby zum Trinken?

Wenn Sie mit dem Füttern von Breikost beginnen, der Nahrungsbedarf aber fast noch ausschließlich mit der Muttermilch gedeckt wird, ist das Trinken noch freiwillig. Erst wenn Brei für Brei eine Still-Mahlzeit nach der anderen ersetzt wird, kommt das zusätzliche Getränk ins Spiel.

Das beste Getränk ist Wasser aus der Leitung – wenn es in Ihrem Haus keine Bleirohre gibt und der Nitratgehalt unter 20 mg/l liegt. Sie können auch stilles Mineralwasser aus dem Supermarkt verwenden. Das darf maximal 10 mg Nitrat, 20 mg Natrium und 1,5 mg Fluorid enthalten. Vor der Verwendung kochen Sie das Wasser in den ersten sechs Monaten immer ab.

Wichtig: Solange Ihr Baby nichts anderes kennt, wird es das Wasser nach einigen Versuchen sicher problemlos trinken.

Der Vorteil an Wasser ist: Es enthält keinen Zucker und schadet damit weder Zähnen noch Figur. Zudem gibt es keine Schweinerei, wenn mal etwas ausläuft.

Ab und zu ist eine schmackhafte Alternative etwas dünner, ungesüßter Kräutertee aus:
- Kamille
- Lindenblüten
- Fenchel
- Hagebutten
- Melisse

Bieten Sie allerdings nicht zu viel Kräutertee an, denn dieser hat stets eine heilende Wirkung und somit vielleicht sogar ungewünschte Nebenwirkungen. So wirkt Kamille magenberuhigend und ist gut bei Bauchweh. Zu viel davon in Babys Fläschchen kann allerdings zu nervöser Unruhe führen.

Babys brauchen keine Saftschorlen oder Kindertees. Schon gar nicht aus der Flasche, womit sie schnell zu „Nuckelkindern" werden. Ebenfalls gänzlich ungeeignet sind Limonaden.

Woraus soll mein Baby trinken?

Wenn Sie Ihrem Kind Karies, Zahnfehlstellungen und Kieferdeformationen ersparen möchten, gewöhnen Sie es am besten früh ans Trinken aus dem Glas oder Becher.

Ab einem Alter von etwa 10–12 Monaten können Sie anfangen, Ihren Nachwuchs ans normale Trinken zu gewöhnen. Anfangs ist dies für das Kind etwas schwierig, denn es erfordert viel feinmotorisches Geschick, das Glas genau so weit zu kippen, dass die Flüssigkeit nur in den Mund fließt und nicht über das ganze Gesicht.

Sie können ihrem Kind beim Trinken aus dem Becher jedoch Hilfestellungen geben:
- mit einem kleinen Glas mit nach außen gewölbtem Rand.
- ist das Glas nur halb gefüllt, kann das Kind das Getränk besser zum Mund führen, ohne etwas zu verschütten.
- indem Sie es auf den Schoß nehmen und das Glas ein wenig mitführen.

Die Umstellung sollte nicht von einem Tag auf den anderen stattfinden, denn das Kind braucht ein wenig Zeit, um sich an den Becher zu gewöhnen.

Zur Übergangszeit und für unterwegs nehmen Sie am besten ein Schnabelfläschchen oder Ähnliches. Ganz wichtig ist, dass das Fläschchen nicht zum Schnullerersatz mutiert.

B(r)eikost

Welche Küchenutensilien benötige ich?

1.

2.

3.

4.

5.

6.

7.

8.

9.

1. Schneidbrett

Schneidbretter aus Holz werden oft pauschal als unhygienisch abgetan. Das ist allerdings falsch, denn viele Holzarten wie z. B. Bambus und manche Eichenhölzer verfügen über eine natürliche antibakterielle Wirkung.

Schneidbretter aus Kunststoff können in der Spülmaschine gereinigt werden. In einigen Kunststoff-Schneidbrettern wurden Silberionen verarbeitet, die das Wachstum von Bakterien hemmen.

Wegen der Gefahr von Salmonellen empfehle ich Ihnen, besonders im Sommer zwei verschiedene Schneidbretter zu verwenden: Eines für ausschließlich salmonellengefährdete Lebensmittel wie Fleisch und das andere für alle anderen. **Achtung:** Vertauschen Sie diese beiden Schneidbretter nie!

2. Sparschäler und Küchenmesser

Ein Sparschäler hilft beim sparsamen Schälen von Obst und Gemüse.

Ein kleines, scharfes Küchenmesser ist praktisch zum Putzen und Zerkleinern von Obst, Gemüse und Fleisch. Wenn Sie ein großes Messer haben, so ist das noch praktischer. Achten Sie jedoch beim Gebrauch von Messern in der Küche immer genau darauf, wo sich Ihr Baby befindet.

3. Küchenwaage

Eine digitale Waage mit Dezimalstellen ist bei den kleinen Mengen, die oftmals benötigt werden, besonders präzise.

4. Messbecher

Ein Liter-Blech befindet sich quasi in jedem Haushalt. Doch ein kleiner Tipp: Sollten Sie einmal keines zur Hand haben, so nehmen Sie zum Abwiegen der Zutaten Ihre Küchenwaage. Und auch hier gilt: Je genauer, desto besser. Es gibt sehr kleine Messbecher, die kleinere Maßeinheiten in mehreren Schritten anzeigen. Diese sind besonders praktisch.

5. Esslöffel und Teelöffel

Nehmen Sie für sehr kleine Maßeinheiten einen Ess- und Teelöffel.
So gilt z. B.: 1 Esslöffel Öl = 10–15 g/ml Öl und 1 Teelöffel Öl = 5–8 g/ml Öl

6. Kochtopf

Sie benötigen einen großen und einen kleinen Kochtopf mit Deckel. Hier ist die Auswahl an Materialien scheinbar uferlos. Deshalb möchte ich Ihnen raten, einfach Ihre bisherigen Töpfe bedenkenlos zu verwenden. Wichtig ist, dass sie die Wärme gut leiten und Sie einen passenden Deckel dazu haben. Der Deckel sorgt dafür, dass zum einen die Hitze, aber auch alle wichtigen Stoffe und Aromen im Topf bleiben.

7. Standmixer

Zum Pürieren von großen Breimengen ist ein Standmixer eine echte Bereicherung. Wer keinen hat, braucht mit einem Pürierstab zwar etwas länger, kommt jedoch ganz sicher auch ans Ziel und ist spätestens beim Spülen dann wieder schneller.

8. Pürierstab

Dieser ist bei der Zubereitung von Babybrei unumgänglich. Neben einer guten Leistung benötigt er einen kraftvollen Motor und scharfe Messer. Das ist deshalb so wichtig, damit Sie den Brei wirklich komplett klein bekommen und sich keine Stückchen mehr im Brei befinden, an denen sich Ihr Baby gerade zu Beginn verschlucken könnte. Wenn Sie kleine Mengen pürieren, füllen Sie diese auf alle Fälle in ein hohes Gefäß.

9. Plastikschälchen, -tüten oder Eiswürfelbehälter zum Einfrieren

Legen Sie sich gefriergeeignete Behälter zu, die auf alle Fälle bis zu 250 g fassen können. Kleine Zusätze, wie z. B. Fleisch, frieren Sie am einfachsten in Eiswürfelbehältern ein.

Was braucht mein Baby zum Essen?

1. Babylätzchen

Grundsätzlich sollte sich Ihr Baby beim Essen so wohl wie möglich fühlen. Zusätzliche Fremdkörper stören da nur und sollten deshalb auch so unauffällig wie möglich gehalten werden. Es gibt die unterschiedlichsten Modelle: Mit Klettverschluss sind sie praktisch zu öffnen und zu schließen – allerdings wird das Ihr Baby auch sehr schnell wissen. Das Binden am Hinterkopf ist zwar etwas aufwendiger, vor allen Dingen, weil sich Babys Haare schnell einmal einklemmen, hält aber gut. Zudem gibt es Lätzchen mit Ärmeln oder ohne. Probieren Sie am besten aus, was Ihr Baby am liebsten mag. Bei der Auswahl des Materials sollten Sie nicht zu sehr nach der Optik gehen, sondern lieber auf die Waschbarkeit achten. Ebenfalls keine schlechte Lösung sind Lätzchen aus Wachstuch, die problemlos abwaschbar sind.

2. Löffelchen

Verwenden Sie ausschließlich Kunststofflöffel und keine Metalllöffel, denn diese leiten die Wärme zu gut und können somit für das Baby zu heiß werden.

Achten Sie darauf, dass der Löffel ergonomisch abgeflacht und nicht größer als ein Teelöffel ist. In der Regel funktionieren diese Löffel ausgezeichnet. Sollte dies nicht klappen, probieren Sie es mit einem Babylöffel aus Silikonkautschuk. Sie sind weicher als handelsübliche Plastiklöffelchen. Für manche Babys erleichtert ein solcher Löffel die Umgewöhnung auf feste Breinahrung, weil er sich durch die Zunge an den Gaumen drücken lässt, dabei den Brei in die Mundhöhle presst und den Schluckreflex auslöst.

3. Schälchen

Eigentlich würde eine Müslischale aus Ihrem Bestand ausreichen, doch ist es besser, wenn das Schälchen aus Plastik ist. Dann kann es notfalls auch mal runterfallen (und das geht schneller, als Sie es zu Anfang für möglich halten) oder das Baby kann später problemlos selbst einmal damit üben. Besonders hübsch ist oft Babygeschirr aus bruchfestem Melamin. Es ist spülmaschinengeeignet und besonders strapazierfähig. Noch praktischer sind Esslernschalen mit Anti-Rutsch-Griffen an der Seite sowie einem rutschfesten Boden für einen sicheren Stand. Ein Deckel zum Frischhalten ist das i-Tüpfelchen.

4. Fläschchen mit Sauger

Babyfläschchen gibt es aus Kunststoff und aus Glas. Der Vorteil von Kunststofffläschchen ist, dass sie besonders widerstandsfähig und leicht sind. Beim Kauf einer Kunststoffflasche müssen Sie auf jeden Fall darauf achten, dass der Kunststoff frei von Bisphenol A ist. Glasflaschen haben den Vorteil, dass sie keine Verfärbungen annehmen und dadurch auch noch nach dem 100. Spülen aussehen wie neu. Dafür haben sie den Nachteil, dass sie sehr heiß werden.

Im Handel sind Sauger aus Silikon oder Latex erhältlich. Je nach Altersgruppe kann man sie in unterschiedlichen Größen kaufen. Wenn Sie dickflüssige Nahrung füttern, verwenden Sie besser einen Sauger mit einem großen Loch oder einem Kreuzschlitz. Denken Sie immer daran, dass sowohl Fläschchen als auch Sauger in den ersten acht Lebensmonaten Ihres Babys unbedingt sterilisiert werden müssen.

5. Küchenhaushaltsrolle

Haben Sie bei jeder Mahlzeit eine Küchenhaushaltsrolle griffbereit. Sie werden sie brauchen!

6. Kinderstuhl

Zu Beginn werden Sie Ihr Baby sicher noch auf Ihren Schoß setzen, um es zu füttern. Nach einigen Wochen wird es selbstständiger und kann in einem Kinderstuhl sitzen. Etwa ab acht Monaten können Babys aufrecht sitzen und benötigen hierfür einen speziellen Kinderhochstuhl. Minimalanforderungen sind dabei eine Rückenlehne, eine bequeme Auflagefläche für die Beine sowie verstellbare Fußstützen. **Tischhochstühle** gibt es mit oder ohne Tischplatte im Handel. Populär sind seit etlichen Jahren auch **Treppenhochstühle**. Sitzfläche und Fußabstützung lassen sich hier variabel verstellen, die Stühle wachsen also mit den Kindern mit. Durch einen speziellen Aufsatz werden sie babytauglich. Nach dem Abnehmen dieses Aufsatzes können Sie einen Treppenstuhl noch über das Kindergarten-Alter hinaus verwenden. **Kombinationen aus einem Tisch mit aufgesetztem Stuhl** wiederum sind sehr praktisch, weil sich beide Teile auch separat als Spieltisch und Stuhl verwenden lassen. Nicht alle Modelle lassen sich allerdings problemlos auf die jeweilige Kindergöße verstellen.

An erster Stelle steht immer die Sicherheit, selbstverständlich auch bei den verwendeten Materialien. Auf alle Fälle muss ein Kinderhochstuhl genügend Standfestigkeit besitzen, damit er im Extremfall nicht umkippt. Dem Durchrutschen wiederum beugen Gurte vor.

Praktisches für unterwegs

7. Babykostwärmer
Besonders wenn Sie unterwegs sind, ist es manchmal gar nicht so leicht, den zu Hause vorbereiteten Brei warm zu bekommen. Füllen Sie den vorgekochen Brei zu Hause in ein Gläschen. In einem Restaurant oder Café fragen Sie am besten nach einer Schale mit heißem Wasser. Das Gläschen können Sie darin aufwärmen. Wenn sich dazu einmal die Möglichkeit nicht bietet, können Sie gegebenenfalls den Babykostwärmer am Strom anschließen und den Brei darin aufwärmen. Der Babykostwärmer ist kompakt und leicht. Somit kann er ganz einfach in einer Tasche für unterwegs untergebracht werden.

8. Verschließbarer Plastikbehälter
Das Essgeschirr sollten Sie für unterwegs möglichst hygienisch verpacken. Dazu eignet sich besonders ein einfacher, verschließbarer Plastikbehälter. In diesen können Sie dann ein Löffelchen, ein paar Servietten oder Küchentücher und gegebenenfalls auch ein Gäbelchen zum Zerdrücken von etwas Obst legen.

Worauf muss ich beim Einkaufen der Zutaten achten?

- **Möglichst Bio**

Bio-Nahrung besitzt viele Vorteile gegenüber der meist deutlich preisgünstigeren konventionellen Industrie-Produktion. Während in der Großproduktion meist eine Vielzahl von Konservierungs-, Farb- und Geschmacksstoffen, Pestiziden und anderen toxischen Mitteln eingesetzt werden, ist Bio-Nahrung eine gesunde Kost, die auf unnatürliche Zusatzstoffe verzichtet.

Doch nicht nur bei pflanzlichen Erzeugnissen der Bio-Nahrung wird Wert auf Verträglichkeit gelegt. Auch bei tierischen Produkten wird genau darauf geachtet, dass keine unnatürlichen Methoden angewandt werden. Massentierhaltung, Mästung oder gentechnisch verändertes Futter kommen bei der Produktion tierischer Bio-Nahrung nicht zum Einsatz. Viele Bio-Verbände schreiben deshalb den Erzeugern vor, dass ihre Tiere nur mit Futter versorgt werden dürfen, das aus Bio-Anbau stammt oder stellenweise sogar vom Hof des Erzeugers kommen muss.

Das EU-Bio-Logo wurde zwar schon im Jahr 2010 eingeführt, muss aber ab dem 1. Juli 2012 verbindlich auf allen Bioprodukten abgedruckt sein. Durch das Bio-Siegel bekommen Sie bei Bio-Nahrung eine Garantie, dass Sie gesunde und natürliche Lebensmittel kaufen, die frei von chemischen Zusätzen sind.

Dass Bio-Nahrung ökologisch ist, ist ein weiterer Vorteil. Denn beim biologischen Anbau und der naturgerechten Produktion von Bio-Nahrung wird die Umwelt geschont.

Das EU-Bio-Logo   Das deutsche Bio-Siegel

● Frisch soll es sein

Je frischer die Produkte sind, desto mehr Vitamine, Mineralstoffe und mehr natürlichen Geschmack erhalten Sie. Sind an einem Stück Obst ein paar Druckstellen nicht schlimm und können weggeschnitten werden, so gehört graues, schmieriges Fleisch auf keinen Fall auf Babys Teller.

● Ware aus der Region und der Saison

Bevorzugen Sie Waren aus der eigenen Region. Wenn Sie z. B. einen eigenen Bio-Obst- oder Gemüsegarten haben, ist das noch besser. Denn was gibt es Schöneres als z. B. den herrlichen Duft und das einzigartige Aroma von frisch geernteten Erdbeeren aus dem eigenen Garten?

Nutzen Sie die Zeit, in der das jeweilige Obst oder Gemüse Saison hat, denn nur dann kann sich der Geschmack voll entfalten.

Erzeugnisse aus Treibhäusern weisen höhere Nitratwerte auf als Freilandprodukte. Weiterhin sind Produkte, die um die halbe Welt transportiert wurden, meist durch Zusätze haltbar gemacht.

● Produkte für Babys genau prüfen

Kaufen Sie Produkte, die speziell für Babys entwickelt worden sind, nicht, ohne vorher die Zutatenliste genau zu prüfen. So mancher Babykeks oder Abendbrei erweist sich als pure Zuckerbombe. Vertrauen Sie auf Ihr Gefühl und bedenken Sie: Weniger ist mehr!

Der Zutatencheck ist besonders wichtig bei Babys mit höherem Allergierisiko.

Obst & Gemüse

Wie bereits erwähnt, sollten Sie Obst und Gemüse möglichst frisch kaufen und sorgfältig lagern. Achten Sie beim Einkauf und Verzehr grundsätzlich auf folgende Punkte:
- Die Früchte müssen reif sein, denn nur so können sie ihre Inhaltsstoffe und ihr Aroma voll entwickeln.
- Kleine Beschädigungen sind in Ordnung, allerdings dürfen die Früchte nicht von Fäulnis, Schimmel oder Schädlingen befallen sein.
- Waschen Sie Obst und Gemüse mit essbarer Schale vor dem Verzehr gründlich und reiben Sie diese mit einem sauberen Küchentuch trocken.
- Bis zum 7. Monat schälen Sie für Ihr Baby selbst die Früchte und Gemüsesorten mit essbarer Schale.

Geeignete Obstsorten

Ab 5. Monat:

1. Apfel
Bewahren Sie das liebste Obst der Deutschen gesondert und so kühl und feucht wie möglich auf. Empfehlenswerte Sorten: Golden Delicious, Jonagold, Elstar, Braeburn.

2. Banane
Der Energiegehalt der Banane beträgt 89 kcal/100 g, damit ist er fast doppelt so hoch wie bei Äpfeln, Birnen oder Zitrusfrüchten. Bananen werden halbreif geerntet, bevor sie zu uns in den Handel kommen. Bewahren Sie Bananen zum Nachreifen nicht im Kühlschrank auf, denn dort werden sie ausschließlich schwarz.

3. Birne
Gute Birnen haben ein saftiges Fruchtfleisch mit zartem Schmelz und eine feine Schale. Weiche, gelbe Früchte mit braunen Flecken sind überreif und verderben schnell. Empfehlenswerte Sorten: Williams Christ, Gute Luise und Alexander Lucas.

4. Melone
Zuckermelonen sowie Netzmelonen oder Honigmelonen sind für Babys genauso gut geeignet wie Wassermelonen. Achten Sie genau darauf, dass sie vor jedem Verzehr völlig frei von Kernen sind. Reife Melonen erkennen Sie daran, dass die Schale am Blütenboden auf leichten Druck nachgibt.

Ab 7. Monat:

5. Aprikose
Ziehen Sie vor dem Verzehr die Haut ab und lösen Sie den Kern heraus, dann kann Ihr Baby die Frucht leichter essen.

6. Mango
Am besten schmeckt diese exotische Frucht, wenn sie reif auf dem Luftweg zu uns kommt. Halbreif geerntete Früchte sind zwar günstiger, allerdings ist der Geschmack dann auch nicht vergleichbar. Das Fruchtfleisch sollte hellgelb bis orange sein. Wenn es bräunlich ist, wurde die Frucht falsch gelagert.

7. Orange
Orangen gehören zu den Zitrusfrüchten und sollten wegen ihrem hohen Säuregehalt Babys nicht vor dem 7. Monat zum Verzehr gegeben werden. Am besten zunächst in Form von ein wenig Saft, später dann filetiert.

8. Pfirsich
Der Pfirsich ist eng mit der Aprikose verwandt und damit in der Handhabung gleich zu behandeln. Empfehlenswerte Sorten: Flavorcrest und Iris Rosso.

Ab 9. Monat:

9. Himbeere, Erdbeere, Johannisbeere & Co.
Verleihen jedem süßen Babybrei eine tolle Farbe und überzeugen so selbst manchmal den einen oder anderen Brei-Verweigerer.
Achtung: Achten Sie darauf, dass Sie Ihrem Baby niemals kleine Beeren wie z. B. Heidel- und Johannisbeeren im Ganzen geben, da diese in die Luftröhre gelangen können!

10. Kiwi
Eine reife Kiwi erkennen Sie daran, dass sie auf Druck leicht nachgibt. Gelbe Kiwis können Sie mit Milchprodukten kombinieren. Grüne Kiwis dagegen enthalten das Eiweiß spaltende Enzym Actinidin. Dieses lässt Milchprodukte bitter werden. Für Babys' Milchbrei sind grüne Kiwis daher völlig ungeeignet.

Obst & Gemüse

Geeignete Gemüsesorten

Ab 5. Monat:

1. **Kartoffel**
Sie sind reich an Stärke, Mineralstoffen und Vitaminen. Diese kleinen Energiebündel eignen sich als Zutat für den Mittagsbrei ausgesprochen gut und sind gegenüber Nudeln und Reis zu bevorzugen. Achten Sie beim Schälen immer genau darauf, dass Sie die Augen entfernen.

2. **Knollensellerie**
Sein Geschmack ist frisch und würzig. Testen Sie zunächst an einer kleinen Portion, ob Ihr Kind ihn mag.

3. **Kohlrabi**
Nicht nur die Knolle ist für eine ausgewogene Ernährung wertvoll, sondern auch das frische Blattwerk. Die Blätter enthalten noch mehr Nährstoffe. Sie sind reich an Carotinoiden, der Vorstufe des Vitamin A. Wenn die Blätter ganz frisch sind, können sie beim Kochen mitverwertet werden.

4. **Kürbis**
Für Babybrei eignet sich besonders der Hokkaido-Kürbis. Er ist nicht zu groß und hat ein wunderbares Aroma.

5. **Möhre**
Sie wird auch Karotte, Mohrrübe oder Gelbe Rübe genannt. Je kräftiger das Orange, desto höher ist der Gehalt an Karotin. Möhren sind sehr vielseitig und sowohl als Saft, aber auch im Brei oder als gedünstetes Fingerfood ein wahrer Genuss für Ihr Baby. Zum Einführen von Babybrei sind sie optimal geeignet.

6. **Pastinake**
Pastinaken liegen voll im Trend und werden für Babynahrung oftmals empfohlen. Bis zum 18. Jahrhundert waren sie bei uns ein eingeführtes Grundnahrungsmittel, wurden allerdings von den Möhren verdrängt. Das mag wohl daran liegen, dass sich Möhren leichter kultivieren und lagern lassen. Das merkt man oft im Handel: Pastinaken sind selten vorzufinden und oftmals überlagert.

7. **Salatgurke**
Ist fast das ganze Jahr über erhältlich und schmeckt sowohl roh als auch gedünstet.

Ab 7. Monat:

8. **Blumenkohl**
Neben Romanesco die am besten geeignete Kohlart für Ihren Nachwuchs zum Starten. Sein Geschmack ist relativ zurückhaltend, weshalb er vielen Babys besonders gut schmeckt.

9. **Brokkoli**
Die zarten Blättchen an den Stielen des Brokkolis können Sie beim Putzen aufbewahren und zum Schluss für den Brei mitgaren.

10. **Fenchel**
Die Knolle kann ihren Geschmack im Brei voll entfalten und Fencheltee wirkt beruhigend bei Magen- und Darmbeschwerden.

11. **Romanesco**
Der grüne Blumenkohl hat einen noch höheren Vitamin-C-Gehalt als der Blumenkohl.

12. **Spargel**
Nicht nur der weiße, sondern auch grüner Spargel passt gut in Babys Brei.

13. **Zucchini**
Kaufen Sie feste Früchte mit makelloser Schale.

Ab 9. Monat:

14. Tomate

Der Vielfalt sind scheinbar keine Grenzen gesetzt: runde Tomaten, Strauchtomaten, Fleischtomaten, Cocktailtomaten. Enthalten Sie diese Varianten Ihrem Kind in den unterschiedlichsten Gerichten nicht vor.

■ Wichtig ■

Die in den Rezepten angegebenen Mengenangaben für Obst und Gemüse beziehen sich immer auf bereits gewaschenes und geputztes Obst und Gemüse.

Getreide, Flocken & Co.

Im Gegensatz zu Obst, Gemüse und Fleisch müssen Sie Getreideprodukte nicht jeden Tag frisch kaufen. Achten Sie streng auf das Haltbarkeitsdatum und lagern Sie die Produkte in luftdicht verschlossenen Behältern an einem kühlen und trockenen Ort.

Achten Sie beim Kauf auf das Bio-Siegel und bevorzugen Sie Vollkorn-Produkte, da diese noch alle Ballaststoffe, Vitamine, Öle und Mineralstoffe des Getreides enthalten.

Ab 5. Monat:

1. Grieß
Meist erhältlich ist Weizengrieß. Besser für die Babynahrung geeignet ist allerdings Vollkorn- oder Dinkelgrieß. Vollkorngrieß versorgt Ihren Nachwuchs mit wichtigen B-Vitaminen sowie mit Mineral- und Ballaststoffen.

2. Haferflocken
Sie sind als Großblatt- oder Kleinblatt-Flocken erhältlich. Besser für die Babynahrung sind zarte Haferflocken, denn sie quellen schnell und lassen sich leicht schlucken.

3. Haferflocken (instant)
Instant-Haferflocken sind für die Einführung von Breikost für Ihr Baby besonders praktisch, denn sie lösen sich beim Einrühren in Flüssigkeit sofort auf und sind ohne Kauen trinkbar.

4. Hirse
Hirse ist glutenfrei und das mineralstoffreichste Getreide. Im Handel üblich ist die von Schalen befreite Goldhirse, daneben gibt es die ungeschälte Braunhirse. Bitte verwenden Sie für Babynahrung ausschließlich geschälte Hirse.

5. Hirseflocken
Die Zubereitung von Babykost mit Hirseflocken geht schneller als die mit ganzer Hirse: Flüssigkeit erhitzen, Hirseflocken einstreuen, kurz aufkochen und ausquellen lassen.

6. Maisgrieß (Polenta)
Maisgrieß wird aus den Keimlingen und Schalen gemahlener Maiskörner hergestellt. Da Maisgrieß kein Klebereiweiß enthält, ist er für Babys mit einer Glutenunverträglichkeit (Zöliakie) sehr gut geeignet.

7. Reis
Reis ist glutenfrei, enthält wenig Fett und vollwertige Kohlenhydrate. Er ist reich an Vitaminen der B-Gruppe sowie wichtigen Mineralstoffen. Besonders gut für die Babynahrung geeignet ist Vollkorn-Langkornreis.

8. Reisflocken
Haben die gleichen Eigenschaften wie Reis, sind aber für die Zubereitung von Babynahrung besonders praktisch.

9. Reiswaffeln
Sie eignen sich zum Zubereiten von Babybrei, aber auch zum Knabbern! Sie sättigen gut und sind leicht bekömmlich. Kaufen Sie aber ausschließlich Reiswaffeln, die salzfrei sind.

10. Schmelzflocken
Sie haben die gleichen Zubereitungseigenschaften wie Instant-Haferflocken, wobei sie speziell für Säuglinge hergestellt werden.

11. Zwieback
Achten Sie darauf, dass er möglichst keinen Zucker enthält und aus Vollkorn oder Dinkel ist. Es gibt glutenfreien Zwieback, der u. a. aus Maisprodukten hergestellt wird.

Ab 7. Monat:

12. Couscous
Couscous wird aus Grieß von Weizen, Gerste oder Hirse hergestellt. Die Grießkügelchen sind fettarm und sowohl nährreich als auch sättigend. Die meisten gut sortierten Supermärkte führen inzwischen Instant-Couscous, der in kürzester Zeit zubereitet werden kann.

Ab 9. Monat:

13. Nudeln
Wählen Sie zunächst Vollkornnudeln, die etwas kleiner sind, z. B. Buchstaben- oder Suppennudeln. Wenn Ihr Kind etwas geübt ist, können Sie größere Sorten wählen.

Das brauchen Sie außerdem für den Babybrei

Grundsätzlich werden Sie mit diesen drei Breiarten konfrontiert:
- **Gemüse-Kartoffel-Fleisch-Brei** am Mittag
- **Milch-Getreide-Brei** am Abend
- **Getreide-Obst-Brei** am Nachmittag

Lassen Sie sich nicht dadurch irritieren, dass beim Gemüse-Kartoffel-Fleisch-Brei manchmal anstatt der Kartoffeln auch Reis oder Couscous dabei sind. Dies sind schöne Ergänzungen, die dem Baby Abwechslung bieten, wobei Kartoffeln gerade am Anfang stets zu bevorzugen sind.

Neben den Hauptzutaten wie Obst, Gemüse, Fleisch und Getreide benötigen Sie noch einige weitere Zutaten, bei denen Sie Folgendes unbedingt beachten sollten:

1. Obst-Direktsaft für den Mittagsbrei

Kaufen Sie unbedingt 100 %-Direktsaft. Nur dann erhalten Sie ausschließlich „flüssiges Obst" mit möglichst viel Vitamin C. Verwenden Sie keinen Nektar und auch keine Schorlen. Die Obstsaft-Zufuhr ist für den Mittagsbrei wichtig, denn nur so wird das Eisen aus dem Gemüse optimal aufgenommen werden. Die Alternative zu Obst-Direktsaft ist etwas Obstmus. Beides können Sie auch selbst zubereiten: Entweder durch das Auspressen eines Stücks Obst (für den Anfang am besten Apfel) oder durch das Kochen von Obstmus. Die Zubereitung finden Sie auf den Seiten 44–45.

Wie viel Brei ist eine Portion?
(je nach Alter und Appetit des Kindes)

- **Gemüse-Kartoffel-Fleisch-Brei:** 150 bis 200 g
- **Milch-Getreide-Brei:** 200 bis 250 g
- **Getreide-Obst-Brei:** 150 bis 200 g

2. Öl

Was uns Erwachsenen so gut schmeckt und als kulinarischer Hochgenuss zählt, dürfen Sie für den Babybrei nicht verwenden: Kaltgepresste Öle. In ihnen können Rückstände von Pflanzenschutzmitteln enthalten sein sowie Peroxide, welche die Leber Ihres Kindes noch nicht entgiften kann.

Noch vor einiger Zeit war Butter die übliche Fettzugabe zum Brei. Sie ist leicht verdaulich, enthält allerdings weniger Linolsäure. Außerdem kann Butter kleine Mengen an Milcheiweiß enthalten, das bei Babys eine Allergie auslösen kann.

Fügen Sie deshalb dem Mittags- und Nachmittagsbrei immer etwa 8–10 ml Maiskeim- oder raffiniertes Rapsöl pro Portion hinzu. Das ist wichtig, da viele Vitamine im Gemüse und Obst fettlöslich sind und somit nur in Verbindung mit dem Öl vom Körper aufgenommen werden können.

3. Vollmilch für den Abendbrei

Für den Abendbrei benötigen Sie Vollmilch. Kaufen Sie Kuhmilch mit dem natürlichen Fettgehalt (typischerweise 3,5–3,8 %). Im ersten Lebensjahr darf Ihr Kind Kuhmilch ausschließlich ab dem 6. Monat im Brei bekommen, keinesfalls pur – das verträgt es noch nicht.

Bei Unverträglichkeiten gegenüber Kuhmilch informieren Sie sich am besten beim Kinderarzt oder bei einer Ernährungsberaterin.

B(r)eikost 41

Wie lege ich einen kleinen Vorrat sinnvoll an?

Grundsätzlich empfehle ich Ihnen, die Zutaten für das entsprechende Rezept stets möglichst frisch zu kaufen. Jeden Tag frisch zubereiteter Babybrei ist das beste, doch ist dies aus den unterschiedlichsten Gründen manchmal nicht möglich oder aufgrund der kleinen Mengen einfach unpraktisch. Viele der Rezepte in diesem Buch können Sie auf Vorrat kochen und dann einfrieren.

Achtung

Halten Sie einen Brei nicht über längere Zeit warm und wärmen Sie ihn nicht erneut auf. Dadurch kann sich die Anzahl der Keime stark erhöhen, sodass der Brei für Ihr Baby nicht mehr bekömmlich ist: Es bekommt Bauchschmerzen oder gar Durchfall!

Beachten Sie dabei allerdings bitte folgende Punkte:

1. **Einfrieren**
   Frieren Sie Babybrei in kleinen gefriergeeigneten Plastiktüten oder -behältern ein. Beschriften Sie das Gefriergut sorgfältig. Füllen Sie den Brei in den entsprechenden Mengen nach dem Kochen ab und frieren Sie ihn sofort ein (schockgefrieren), um Keimvermehrung oder Vitaminverluste zu vermeiden.

2. **Kühl lagern**
   Im Kühlschrank sollten Sie Brei maximal bis zum nächsten Tag aufbewahren.

3. **Auftauen**
   Den Brei direkt vor dem Füttern im Kühlschrank auftauen lassen.

4. **Erwärmen**
   Wärmen Sie den Brei schonend im Wasserbad auf. Rühren Sie ihn dabei sorgfältig durch, sodass er gleichmäßig warm wird.

5. **Unterwegs**
   Füllen Sie den Brei in ein Gläschen und gehen Sie wie auf Seite 32 beschrieben vor.

Neben dem kompletten Brei als Vorrat gibt es auch noch die Möglichkeit, bestimmte Zutaten vorzubereiten, um dann schnell die unterschiedlichsten Brei-Variationen zu zaubern. So können Sie z. B. mit einem **Fleisch-Würfel** schnell aus einem vegetarischen einen fleischhaltigen Brei machen (siehe rechts).

Oder bereiten Sie **Obstmus** vor:
Wenn Sie damit beginnen, Ihr Baby mit Obst zu füttern, sollten Sie ihm nicht sofort rohes Obst geben! Dies kann nämlich, besonders bei größeren Mengen, leicht zu Blähungen und Bauchweh führen. Deshalb ist es wichtig, dass Sie selbst wenig säurehaltige Obstarten wie z. B. Äpfel, Birnen, Pfirsiche oder Melonen zunächst dünsten. Vorsicht ist bei Erdbeeren und Kiwis geboten: Sie bringen ein hohes Allergierisiko mit sich. Zitrusfrüchte wie z. B. Orangen sind als Obstmus tabu, da sie aufgrund des hohen Säuregehalts einen wunden Po verursachen können.
   Einzige Ausnahmen: Bananen müssen nicht vorgedünstet werden. Bereiten Sie das Obstmus wie auf den Seiten 44–45 gezeigt vor und bereiten Sie daraus bei Bedarf schnell die unterschiedlichsten Speisen vom Brei bis zu Keksen zu.

🍴 Fleisch auf Vorrat

Macht für alle Sinn, die:

- täglich frisch kochen, allerdings nicht immer wieder beim Metzger mit einer Bestellung von 25 g Fleisch auf sich aufmerksam machen möchten, bzw. für die die Beschaffung einer solchen Menge aufgrund der Entfernung zum Metzger nicht immer sinnvoll ist.
- auf Vorrat kochen und somit mal im Handumdrehen einen vegetarischen Brei in einen Brei mit Fleisch verwandeln möchten. So ist es z. B. optimal, wenn Sie fünf Portionen Karotten-Brei einfrieren und dann zwei Portionen Fleisch hinzufügen.

Ab 5. Monat
Zubereitungszeit: 20 Minuten

Zutaten für 18 Fleischwürfel à ca. 20 g:
360 g mageres Fleisch (z. B. vom Rind, Geflügel, Schwein oder Lamm)

Zubereitung:

1. Das Fleisch unter fließend kaltem Wasser abwaschen und mit einem Küchentuch sorgfältig trocken tupfen. Das Fleisch zunächst in Streifen und dann in kleine Stücke schneiden.

2. Das Fleisch in einen Topf geben und diesen mit so viel Wasser füllen, dass das Fleisch zur Hälfte bedeckt ist. Bei schwacher Hitze zugedeckt ca. 15 Minuten köcheln lassen.

3. Das Fleisch zusammen mit dem Kochwasser in ein hohes Gefäß geben und gründlich pürieren.

4. Lassen Sie die Fleisch-Masse auskühlen und füllen Sie diese anschließend mit einem Teelöffel in einen Eiswürfelbereiter. Je nach Größe der Würfel sind ein bis zwei Würfel genau richtig für eine Breiportion.

🍴 Apfelmus auf Vorrat

Ab dem 5. Monat darf das Obstmus folgende Obstsorten enthalten: Äpfel, Birnen und Melonen.

Ab 5. Monat
Zubereitungszeit: 20 Minuten

Zutaten für 10–20 Portionen:
1 kg Äpfel
50–250 ml Wasser (Je nach Obstsorte brauchen wasserhaltige Obstsorten wie z. B. die Melone fast gar kein Zusatzwasser. Eher wasserarme Obstsorten brauchen mehr Wasser, da sie sonst im Topf nicht dünsten, sondern anbrennen.)

Zubereitung:

1. Äpfel gründlich waschen, gegebenenfalls schälen und das Kerngehäuse entfernen.
2. Äpfel in ca. 1 cm große Würfel schneiden.
3. Äpfel in einem Topf mit Wasser bei schwacher Hitze zugedeckt ca. fünf bis zehn Minuten dünsten.
4. Das gedünstete Obst mit dem Kochwasser fein pürieren.
5. Abgekühltes Mus 50-g-weise für Abendbrei und 100-g-weise für Nachmittagsbrei einfrieren.

▪ Tipp ▪

Beginnen Sie zunächst mit dem Einführen einer Obstsorte nach der anderen, um eventuelle Unverträglichkeiten schnell herausfiltern zu können. Wenn die verschiedenen Obstsorten gut vertragen werden, können Sie mit der kreativen Kombination verschiedener Früchte beginnen.

🍴 Obstmus auf Vorrat

Ab dem 7. Monat können Sie dann langsam die folgenden Obstsorten einführen: Aprikosen, Mangos und Pfirsiche.

> Ab 7. Monat
> Zubereitungszeit: 20 Minuten

Zutaten für 10–20 Portionen:
1 kg Obst
50–250 ml Wasser (je nach Obstsorte)

Zubereitung:

1. Obst gründlich waschen, gegebenenfalls schälen und das Kerngehäuse entfernen.

2. Obst in ca. 1 cm große Würfel schneiden.

3. Obst in einem Topf mit Wasser bei schwacher Hitze zugedeckt ca. fünf bis zehn Minuten dünsten.

4. Das gedünstete Obst mit dem Kochwasser fein pürieren.

5. Abgekühltes Mus 50-g-weise für Abendbrei und 100-g-weise für Nachmittagsbrei einfrieren.

> ### ▪ Tipp ▪
> Nutzen Sie Obst der Saison. Das ist nicht nur günstiger, sondern auch viel geschmacksintensiver. Sämtliche Sorten, die ich Ihrem Baby empfehlen kann, finden Sie auf Seite 34/35.

Mittagsbrei

ab dem 5. Monat

Das erste Ma(h)l – Übung macht den Meister!
1. Woche

Und jetzt geht's los:
Für den ersten Brei sollten Sie sich viel Zeit nehmen. Wählen Sie einen Tag, an dem Ihr Baby ausgeruht und „gut drauf" ist. Seien Sie nicht enttäuscht, wenn Ihr Baby die ersten Male isst wie ein Spatz oder die Mahlzeit sogar verschmäht.

Halten Sie ein Babylätzchen, ein Tuch und ein Löffelchen bereit, denn wenn der Hunger erst einmal da ist, sollte es schnell gehen.

Nach den ersten Brei-Portionen wird Ihr Baby nicht satt sein, denn es ist zunächst noch auf Stillen bzw. Flaschenkost eingestellt. Deshalb sollten Sie mit wenigen Löffeln beginnen und die Portionen Tag für Tag steigern, bis das Baby auf etwa 100 g Möhren-Brei kommt.

Möhren-Brei

Ab 5. Monat
Zubereitungszeit: 25 Minuten

Zutaten für die 1. Woche:
500 g Möhren, 200 ml Wasser
40 ml Rapsöl

Zubereitung:

1. Möhren waschen, putzen, mit einem Sparschäler schälen und in ca. 1 cm dicke Scheiben schneiden.

2. Möhren in einen Topf mit dem Wasser geben und bei schwacher Hitze zugedeckt 15 bis 20 Minuten köcheln lassen.

3. Rapsöl dem Brei hinzufügen. Zum Abmessen des Öls ist ein kleines Liter-Blech mit vielen Unterteilungen der Messeinheiten sehr praktisch.

4. Das gekochte Gemüse mit dem Kochwasser in einen Mixer geben und alles fein pürieren. Eventuell noch etwas Wasser hinzufügen, damit der Brei eine gleichmäßig weiche Konsistenz hat.

5. Den Brei sorgfältig durch ein Sieb streichen.

6. Den abgekühlten Brei mit einem Teelöffel in einen Eiswürfelbereiter füllen. Je nach Größe der Würfel sind ein bis zwei Würfel genau richtig für die ersten Breiportionen.

Wärmen Sie die gewünschte Menge Brei-Würfel in einem Wasserbad auf und verdünnen Sie den Brei eventuell noch einmal mit 10 ml Apfel-Direktsaft.

Warum klappt es nicht?

Sind Sie vielleicht unruhig, hektisch oder schlecht gelaunt? Dann spürt Ihr Baby das sofort. Probieren Sie es einfach am nächsten Tag mit etwas mehr Gelassenheit noch einmal. Vielleicht schmecken dem Baby Möhren auch einfach nicht. Dann können Sie als Alternative z. B. auch mit Kürbis oder Kohlrabi beginnen. Vielleicht liegt es aber auch daran, dass Ihr Baby die Form oder Farbe des Löffels nicht mag. Ihr Baby wird den Brei zunächst vom Löffel saugen. Deshalb ist es gut, wenn Sie einen flachen Plastiklöffel benutzen.

Vielleicht braucht Ihr Baby aber auch einfach noch ein bisschen Zeit, schließlich hat es sich an Brust oder Flasche gewöhnt – und Babys sind „Gewohnheitstiere"!

Mittagsbrei

2. Woche

Wenn der Übungsbrei gut ankam und Sie den Möhren-Brei auf etwa 100 g steigern konnten, ...

ist es Zeit für die nächste Zutat: Kartoffeln! Erst wenn Ihr Baby die ganze Breimenge von 150–200 g aufisst, braucht es hinterher keine Milch mehr. Mit der Einführung fester Nahrung benötigt Ihr Kind jetzt mehr Flüssigkeit. Geben Sie ihm etwa 200 ml Wasser pro Tag.

Bitte bedenken Sie, dass Babys noch keine Abwechslung brauchen, ganz im Gegenteil: Sie lieben die Gewohnheit. Führen Sie dementsprechend pro Woche höchstens ein neues Lebensmittel ein. So können Sie, besonders bei allergiegefährdeten Babys, Unverträglichkeiten gegenüber bestimmten Lebensmitteln schnell ausfindig machen.

Möhren-Kartoffel-Brei

Ab 5. Monat
Zubereitungszeit: 30 Minuten

Zutaten für 1 Portion:
100 g Möhren
50 g Kartoffeln
70 ml Wasser
10 ml Rapsöl
30 ml Apfel-Direktsaft

Zutaten für 6 Portionen:
600 g Möhren
300 g Kartoffeln
300 ml Wasser
50 ml Rapsöl
180 ml Apfel-Direktsaft

▪ Tipp ▪

Bereiten Sie zum Test auf alle Fälle immer erst eine Portion zu. Wenn sie Ihrem Kind schmeckt, können Sie auf Vorrat kochen. Ab der 2. Woche kann jede Woche eine neue Gemüsesorte eingeführt werden.

Zubereitung (für 6 Portionen):

1. Möhren waschen, putzen, mit einem Sparschäler schälen und in ca. 1 cm dicke Scheiben schneiden.

2. Kartoffeln waschen, gut schälen und ganz besonders darauf achten, dass alle Augen und dunklen Stellen entfernt werden. In ca. 1 cm große Würfel schneiden.

3. Gemüse in einen Topf mit dem Wasser geben und bei schwacher Hitze zugedeckt 15 bis 20 Minuten köcheln lassen.

4. Rapsöl sowie Apfelsaft dem Brei hinzufügen und alles fein pürieren.

5. Den abgekühlten Brei portionsweise z. B. in gefriergeeigneten Plastikschälchen einfrieren. Den Brei vorher sorgfältig abwiegen.

Eine Portion hat 150–200 g, wobei Sie Ihr Baby niemals zum Aufessen zwingen sollten. Ihr Baby hat ein natürliches Sättigungsgefühl, auf das Sie vertrauen sollten. Wenn es satt ist, wird es Ihnen ein auffälliges Zeichen geben, wie z. B. den Kopf wegzudrehen oder den Mund geschlossen zu halten, wenn Sie mit dem Löffel darauf zu gehen.

Gemüse-Kartoffel-Fleisch-Brei

3. Woche

Bereit für Fleisch:

Die ersten vier bis sechs Monate bekommt Ihr Kind durch das Stillen oder die Flasche alles, was sein Körper für eine gesunde Entwicklung braucht. Gegen Ende dieser Zeit werden allerdings seine Eisenvorräte knapp und es wird Zeit für den Gemüse-Kartoffel-Fleisch-Brei.

Durch Vitamin C wird das Eisen noch besser aufgenommen. Das ist in Obst-Direktsäften und Gemüse enthalten.

Wenn Sie Ihr Baby dennoch vegetarisch ernähren möchten, sollten Sie als Alternative auf Haferflocken und Hirse zurückgreifen. Diese sind ebenfalls eisenreich und sollten dem Gemüsebrei regelmäßig hinzugefügt werden.

Von veganer Ernährung (also komplett ohne tierische Produkte wie z. B. Fleisch, Fisch und Eier) ist gänzlich abzuraten!

Möhren-Kartoffel-Fleisch-Brei

Ab 5. Monat
Zubereitungszeit: 30 Minuten

Zutaten für 1 Portion:
100 g Möhren
50 g Kartoffeln
25 g mageres Fleisch oder Geflügel (wie z. B. Hähnchenbrust)
100 ml Wasser
10 ml Rapsöl
30 ml Apfel-Direktsaft

Zutaten für 5 Portionen:
500 g Möhren
250 g Kartoffeln
150 g mageres Fleisch oder Geflügel (wie z. B. Hähnchenbrust)
250 ml Wasser
40 ml Rapsöl
150 ml Apfel-Direktsaft

Zubereitung (für 1 Portion):

1. Möhren waschen, putzen, mit einem Sparschäler schälen und in ca. 1 cm dicke Scheiben schneiden.

2. Kartoffeln waschen, gut schälen und ganz besonders darauf achten, dass alle Augen und dunklen Stellen entfernt werden. In ca. 1 cm große Würfel schneiden.

3. Fleisch unter fließend kaltem Wasser abwaschen und mit einem Küchentuch sorgfältig trocken tupfen. Das Fleisch zunächst in Streifen und dann in kleine Stücke schneiden.

4. Gemüse und Fleisch in einen Topf mit dem Wasser geben und bei schwacher Hitze zugedeckt 15 bis 20 Minuten köcheln lassen.

5. Rapsöl sowie Apfelsaft abmessen und dem Brei hinzufügen. Das Abmessen kleiner Mengeneinheiten ist selbst mit einem kleinen Liter-Blech schwer. Deshalb bietet sich eine digitale Waage an. 1 ml entspricht 1 g.

6. Den Brei in ein hohes Gefäß geben und fein pürieren. Kleine Breimengen sollten stets in einem hohen Gefäß püriert werden, weil der Brei sonst überall landet!

Alternative:
Zwei- bis dreimal in der Woche Fleisch ist für Ihr Baby ausreichend. Deshalb bietet es sich an, Fleisch auf Vorrat zu kochen (siehe Seite 43). Kochen Sie dann z. B. den Möhren-Kartoffel-Brei (S. 50–51) auf Vorrat und fügen Sie hin und wieder ein bis zwei Fleischwürfel hinzu.

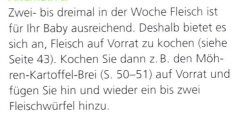

Gemüse-Kartoffel-Fleisch-Brei

🍴 Möhren-Kohlrabi-Brei mit Hähnchenbrust

Besonderes:
Kohlrabi unterstützt den Wasserhaushalt im Körper, liefert wichtige Bausteine für den Aufbau von Knochen und Zähnen und regt den Energiestoffwechsel an. Blähend sind übrigens nur Blattkohlsorten wie Grünkohl, Rosenkohl, Rotkohl, …

Ab 5. Monat
Zubereitungszeit: 30 Minuten

Zutaten für 1 Portion:
50 g Möhren
40 g Kohlrabi
40 g Kartoffeln
25 g Hähnchenbrustfilet
100 ml Wasser
10 ml Maiskeimöl
30 ml Apfel-Direktsaft

Zutaten für 7 Portionen:
350 g Möhren
280 g Kohlrabi
280 g Kartoffeln
200 g Hähnchenbrustfilet
250 ml Wasser
60 ml Maiskeimöl
210 ml Apfel-Direktsaft

Zubereitung (für 7 Portionen):

1. Möhren waschen, putzen, mit einem Sparschäler schälen und in ca. 1 cm dicke Scheiben schneiden.

2. Kohlrabi waschen, schälen und gegebenenfalls holzige Stellen großzügig wegschneiden. Anschließend in ca. 1 cm große Würfel schneiden.

3. Kartoffeln waschen, gut schälen und ganz besonders darauf achten, dass alle Augen und dunklen Stellen entfernt werden. In ca. 1 cm große Würfel schneiden.

4. Hähnchenbrustfilet unter fließend kaltem Wasser abwaschen und mit einem Küchentuch sorgfältig trocken tupfen. Das Fleisch zunächst in Streifen und dann in kleine Stücke schneiden.

5. Gemüse und Hähnchenbrustfilet in einen Topf mit dem Wasser geben und bei schwacher Hitze zugedeckt 15 bis 20 Minuten köcheln lassen.

6. Keimöl sowie Apfelsaft dem Brei hinzufügen und alles fein pürieren.

Alternative:
Sie können die Möhren durch Kürbis ersetzen.

7. Den abgekühlten Brei portionsweise z. B. in gefriergeeigneten Plastikschälchen einfrieren. Den Brei vorher sorgfältig abwiegen.

🍴 Möhren-Apfel-Brei mit Haferflocken

Ab 5. Monat
Zubereitungszeit: 30 Minuten

Zutaten für 1 Portion:
100 g Möhren
50 g Kartoffeln
100 ml Wasser
40 g Äpfel
10 g zarte Haferflocken
10 ml Rapsöl

Zutaten für 5 Portionen:
500 g Möhren
250 g Kartoffeln
250 ml Wasser
200 g Äpfel
50 g zarte Haferflocken
50 ml Rapsöl

Zubereitung (für 5 Portionen):

1. Möhren waschen, putzen, mit einem Sparschäler schälen und in ca. 1 cm dicke Scheiben schneiden.

2. Kartoffeln waschen, gut schälen und ganz besonders darauf achten, dass alle Augen und dunklen Stellen entfernt werden. In ca. 1 cm große Würfel schneiden.

3. Gemüse in einen Topf mit dem Wasser geben und bei schwacher Hitze zugedeckt 15 bis 20 Minuten köcheln lassen.

4. In der Zwischenzeit Äpfel waschen, schälen, Kerngehäuse entfernen und Fruchtfleisch in kleine Stücke schneiden.

5. Apfelstücke gegen Ende der Garzeit in den Topf mit dem Gemüse geben und ca. fünf Minuten mitköcheln lassen.

6. Haferflocken sorgfältig abwiegen.

7. Haferflocken hineinrühren und den Brei unter ständigem Rühren noch einmal aufkochen lassen.

8. Rapsöl dem Brei hinzufügen und alles fein pürieren.

9. Den abgekühlten Brei portionsweise einfrieren. Den Brei vorher sorgfältig abwiegen.

Gemüse-Kartoffel-Fleisch-Brei 57

Gurken-Birnen-Brei mit Putenbrust

Mittagsbrei

Ab 5. Monat
Zubereitungszeit: 30 Minuten

Zutaten für 1 Portion:
70 g Salatgurke
60 g Kartoffeln
25 g Putenbrustfilet
50 ml dünner Pfefferminztee (vorgekocht)
40 g Birne
8 ml Maiskeimöl

Zutaten für 5 Portionen:
350 g Salatgurke
300 g Kartoffeln
125 g Putenbrustfilet
200 ml Wasser
1 Beutel Pfefferminztee
180 g Birne
40 ml Maiskeimöl

Zubereitung (für 5 Portionen):

1. Gurke waschen, putzen, mit dem Sparschäler schälen, in der Mitte teilen, längs halbieren und die Kerne mit einem Teelöffel entfernen. In kleine Stücke schneiden.

2. Kartoffeln waschen, gut schälen und ganz besonders darauf achten, dass alle Augen und dunklen Stellen entfernt werden. In kleine Stücke schneiden.

3. Putenbrustfilet unter fließend kaltem Wasser abwaschen und mit einem Küchentuch sorgfältig trocken tupfen. Das Filet zunächst in Streifen und dann in kleine Stücke schneiden.

4. Das Wasser in einem Topf kurz aufkochen und den Teebeutel hineinhängen. Den Beutel nach zwei bis drei Minuten herausnehmen.

5. Gemüse und Filet in dem Tee bei schwacher Hitze zugedeckt ca. 15 Minuten köcheln lassen.

6. In der Zwischenzeit die Birne waschen, schälen, das Kerngehäuse entfernen und das Fruchtfleisch in kleine Stücke schneiden. Die Stücke ebenfalls in den Topf geben.

7. Maiskeimöl dem Brei hinzufügen und alles fein pürieren.

8. Den abgekühlten Brei portionsweise einfrieren. Den Brei vorher sorgfältig abwiegen.

Gemüse-Kartoffel-Fleisch-Brei

Kürbis-Brei mit Reisflocken

Ab 5. Monat
Zubereitungszeit: 30 Minuten

Zutaten für 1 Portion:
100 g Hokkaido-Kürbis
50 g Kartoffeln
100 ml Wasser
10 g Reisflocken
10 ml Rapsöl
30 ml Apfel-Direktsaft

Zutaten für 5 Portionen:
500 g Hokkaido-Kürbis
250 g Kartoffeln
250 ml Wasser
50 g Reisflocken
50 ml Rapsöl
150 ml Apfel-Direktsaft

■ Tipp ■

Der Hokkaido-Kürbis muss ab dem 7. Monat nicht mehr geschält werden. Die Schale ist essbar und stört nicht im geringsten, wenn das Gericht püriert wird. Achten Sie allerdings unbedingt darauf, dass Sie ein Bio-Erzeugnis kaufen und dieses vor der Verwendung gut abbürsten und waschen.

Zubereitung (für 5 Portionen):

1. Kürbis mit einem großen Messer in der Mitte teilen und mit einem Löffel das Kerngehäuse herauskratzen.

2. Kürbis mit der flachen Kante auflegen und an den Einkerbungen entlang in Segmente schneiden.

3. Segmente ebenfalls mit der flachen Kante auflegen und – falls gewünscht – den Kürbis schälen. Anschließend in kleine Stücke schneiden.

4. Kartoffeln waschen, gut schälen und ganz besonders darauf achten, dass alle Augen und dunklen Stellen entfernt werden. In ca. 1 cm große Würfel schneiden.

5. Gemüse in einen Topf mit dem Wasser geben und bei schwacher Hitze zugedeckt 15 bis 20 Minuten köcheln lassen.

6. Reisflocken sorgfältig abwiegen.

7. Reisflocken hineinrühren und den Brei unter ständigem Rühren noch einmal aufkochen lassen.

8. Rapsöl sowie Apfelsaft dem Brei hinzufügen und alles fein pürieren.

9. Den abgekühlten Brei portionsweise einfrieren. Den Brei vorher sorgfältig abwiegen.

Gemüse-Kartoffel-Fleisch-Brei

Mittagsbrei

Knollensellerie-Brei mit Hirse

Besonderes:
Der hohe Gehalt an ätherischen Ölen verleiht dem Knollensellerie eine stoffwechselanregende Wirkung.

> Ab 5. Monat
> Zubereitungszeit: 40 Minuten

Zutaten für 1 Portion:
25 g Hirse (geschält)
150 g Knollensellerie
150 ml Wasser
10 ml Rapsöl
30 ml Apfel-Direktsaft

Zutaten für 5 Portionen:
125 g Hirse (geschält)
750 g Knollensellerie
500 ml Wasser
50 ml Rapsöl
150 ml Apfel-Direktsaft

> ■ **Tipp** ■
>
> Beim Kauf sollte Knollensellerie sich sehr fest und schwer anfühlen und keine schimmeligen oder weichen Stellen haben. Er hält sich auch angeschnitten noch ein bis zwei Wochen im Kühlschrank. Dazu muss nur die Schnittfläche mit Zitronensaft bestrichen und fest mit Klarsichtfolie zugedeckt sein.

2.

Zubereitung (für 5 Portionen):

1. Hirse in ein Haarsieb geben und unter heißem Wasser gut abbrausen.

2. Sellerie unter fließendem Wasser abschrubben, schälen und holzige Stellen entfernen.

3. Sellerie zunächst in Scheiben und dann in kleine Würfel schneiden.

4. Sellerie zusammen mit der Hirse in einen Topf mit dem Wasser geben und noch einmal gut miteinander verrühren. Bei schwacher Hitze zugedeckt ca. 15 Minuten köcheln lassen.

5. Rapsöl sowie Apfelsaft dem Brei hinzufügen und alles fein pürieren.

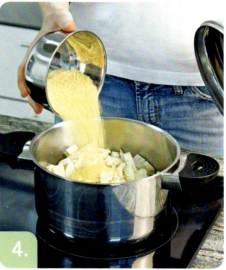

Gemüse-Kartoffel-Fleisch-Brei

Brokkoli-Reis-Brei mit Schweinelende

Besonderes:
Brokkoli stärkt das Immunsystem und ist ein wertvoller Vitamin-C-Spender.

Ab 7. Monat
Zubereitungszeit: 30 Minuten

Zutaten für 1 Portion:
25 g Vollkorn-Langkornreis
150 ml Wasser
100 g Brokkoli
25 g Schweinelende
8 ml Rapsöl
30 ml Apfel-Direktsaft

Zutaten für 5 Portionen:
125 g Vollkorn-Langkornreis
400 ml Wasser
500 g Brokkoli
125 g Schweinelende
50 ml Rapsöl
150 ml Apfel-Direktsaft

Zubereitung (für 1 Portion):

1. Reis in einen Topf mit dem Wasser geben und bei schwacher Hitze zugedeckt ca. zehn Minuten köcheln lassen.

2. Währenddessen Brokkoli in kleine Röschen teilen, waschen und klein schneiden.

3. Schweinelende unter fließend kaltem Wasser abwaschen und mit einem Küchentuch sorgfältig trocken tupfen. Das Fleisch zunächst in Streifen und dann in kleine Stücke schneiden.

4. Fleisch zu dem Reis geben und zusammen bei schwacher Hitze zugedeckt ca. fünf Minuten köcheln lassen.

5. Nun noch den Brokkoli in den Topf geben und alles zusammen weitere zehn Minuten bei geschlossenem Deckel köcheln lassen.

6. Rapsöl sowie Apfelsaft dem Brei hinzufügen und alles fein pürieren.

■ Tipp ■
- Wenn der Brei mal etwas zu fest wird, können Sie ihn einfach mit etwas Wasser verdünnen.
- Anstatt Apfel-Direktsaft können Sie auch Obstmus hinzufügen.

Gemüse-Kartoffel-Fleisch-Brei

Mittagsbrei

Fenchel-Apfel-Brei

Ab 7. Monat
Zubereitungszeit: 25 Minuten

Zutaten für 1 Portion:
80 g Fenchel
70 g Kartoffeln
100 ml Wasser
40 g Äpfel
8 ml Rapsöl

Zutaten für 5 Portionen:
400 g Fenchel
350 g Kartoffeln
250 ml Wasser
200 g Äpfel
40 ml Rapsöl

Zubereitung (für 5 Portionen):

1. Fenchel gründlich waschen und Stiele abschneiden. Wenn die äußere Schicht faserig und trocken ist, entfernen.

2. Fenchelknolle halbieren und den Strunk aus der Mitte herausschneiden.

3. Kartoffeln waschen, gut schälen und ganz besonders darauf achten, dass alle Augen und dunklen Stellen entfernt werden.

4. Fenchel und Kartoffeln in gleich große Stücke schneiden.

5. Fenchel- und Kartoffelstücke in einen Topf mit dem Wasser geben und bei schwacher Hitze zugedeckt ca. 15 Minuten köcheln lassen.

6. In der Zwischenzeit Äpfel waschen, schälen, Kerngehäuse entfernen und Fruchtfleisch in kleine Stücke schneiden. Die Stücke ebenfalls in den Topf geben.

7. Das Rapsöl genau abmessen. Dazu eignet sich ein kleines Liter-Blech hervorragend. Andernfalls kann das Öl auch mit der Waage gemessen werden.

8. Rapsöl dem Brei hinzufügen und alles fein pürieren.

9. Den Brei gut abkühlen lassen und portionsweise einfrieren. Eine Möglichkeit zum Einfrieren sind sorgfältig beschriftete Gefrierbeutel. Die Breiportionen sorgfältig abwiegen.

Tipp

Nach Belieben können Sie nach dem Auftauen pro Portion 20–25 g Rindfleisch hinzugeben.

Gemüse-Kartoffel-Fleisch-Brei

Blumenkohl-Brei mit Tafelspitz

Ab 7. Monat
Zubereitungszeit: 25 Minuten

Zutaten für 1 Portion:
100 g Blumenkohl
50 g Kartoffeln
25 g Tafelspitz
100 ml Wasser
8 ml Maiskeimöl
30 ml Apfel-Direktsaft

Zutaten für 5 Portionen:
500 g Blumenkohl
250 g Kartoffeln
125 g Tafelspitz
250 ml Wasser
40 ml Maiskeimöl
150 ml Apfel-Direktsaft

Zubereitung (für 5 Portionen):

1. Blumenkohl in kleine Röschen teilen und gründlich waschen.
2. Kartoffeln waschen, gut schälen und ganz besonders darauf achten, dass alle Augen und dunklen Stellen entfernt werden. In kleine Stücke schneiden.
3. Tafelspitz unter fließend kaltem Wasser abwaschen und mit einem Küchentuch sorgfältig trocken tupfen.
4. Fleisch zunächst in Streifen und dann in kleine Stücke schneiden.
5. Gemüse und Fleisch in einen Topf mit dem Wasser geben und bei schwacher Hitze zugedeckt ca. 15 Minuten köcheln lassen.
6. Maiskeimöl sowie Apfelsaft dem Brei hinzufügen.
7. Alles fein pürieren. Den abgekühlten Brei portionsweise einfrieren. Den Brei vorher sorgfältig abwiegen.

1.

3.

4.

6.

Gemüse-Kartoffel-Fleisch-Brei

Zucchini-Bananen-Brei mit Maisgrieß

Ab 7. Monat
Zubereitungszeit: 15 Minuten

Zutaten für 1 Portion:
100 g Zucchini
100 ml Wasser
10 g Maisgrieß (Polenta)
50 g Banane
8 ml Maiskeimöl
30 ml Apfel-Direktsaft

Zubereitung:

1. Zucchini waschen, gegebenenfalls mit einem Sparschäler schälen, die Enden abschneiden und klein schneiden.

2. Zucchini in einen Topf mit 50 ml Wasser geben und bei schwacher Hitze zugedeckt ca. fünf bis sieben Minuten köcheln lassen.

3. Währenddessen den Maisgrieß zusammen mit dem restlichen Wasser unter ständigem Rühren zum Kochen bringen und bei schwacher Hitze weiterrühren, bis ein geschmeidiger Brei entsteht.

4. Gedünstete Zucchinistücke zusammen mit der geschälten Banane in ein hohes Gefäß geben und fein pürieren.

5. Gemüse-Obst-Mischung dem Maisbrei hinzufügen.

6. Maiskeimöl sowie Apfelsaft hinzufügen und alles noch einmal kräftig durchrühren.

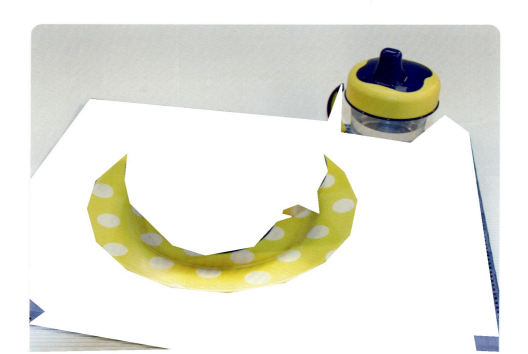

Gemüse-Kartoffel-Fleisch-Brei 71

Spargel-Brokkoli-Brei mit Rindfleisch

Ab 7. Monat
Zubereitungszeit: 30 Minuten

Zutaten für 1 Portion:
50 g Spargel
50 g Brokkoli
50 g Kartoffeln
25 g Rindfleisch
100 ml Wasser
8 ml Rapsöl
30 ml Apfel-Direktsaft

Zutaten für 5 Portionen:
250 g Spargel
250 g Brokkoli
250 g Kartoffeln
125 g Rindfleisch
250 ml Wasser
40 ml Rapsöl
150 ml Apfel-Direktsaft

Zubereitung (für 5 Portionen):

1. Spargel waschen, mit einem Sparschäler schälen, die holzigen Enden abschneiden und klein schneiden.

2. Brokkoli in kleine Röschen teilen, waschen und klein schneiden.

3. Kartoffeln waschen, gut schälen und ganz besonders darauf achten, dass alle Augen und dunklen Stellen entfernt werden. In kleine Stücke schneiden.

4. Rindfleisch unter fließend kaltem Wasser abwaschen und mit einem Küchentuch sorgfältig trocken tupfen. Das Fleisch zunächst in Streifen und dann in kleine Stücke schneiden.

5. Gemüse und Fleisch in einen Topf mit dem Wasser geben und bei schwacher Hitze zugedeckt ca. 15 Minuten köcheln lassen.

6. Rapsöl sowie Apfelsaft dem Brei hinzufügen und alles fein pürieren.

7. Den Brei gut abkühlen lassen und portionsweise einfrieren. Eine Möglichkeit zum Einfrieren sind sorgfältig beschriftete Gefrierbeutel. Die Breiportionen sorgfältig abwiegen und mit einem Einschweißgerät zuschweißen. So lassen sich die Portionen im Gefrierfach praktisch stapeln.

2.

4.

6.

7.

Gemüse-Kartoffel-Fleisch-Brei

🍴 Zucchini-Blumenkohl-Brei mit Hirseflocken

Mittagsbrei

Ab 7. Monat
Zubereitungszeit: 25 Minuten

Zutaten für 1 Portion:
100 g Zucchini
40 g Blumenkohl
50 g Kartoffeln
100 ml Wasser
10 g Hirseflocken
8 ml Rapsöl
30 ml Apfel-Direktsaft

Zutaten für 5 Portionen:
500 g Zucchini
200 g Blumenkohl
250 g Kartoffeln
250 ml Wasser
50 g Hirseflocken
40 ml Rapsöl
150 ml Apfel-Direktsaft

1.

Zubereitung (für 5 Portionen):

1. Zucchini waschen, mit einem Sparschäler schälen, die Enden abschneiden und klein schneiden.

2. Blumenkohl in kleine Röschen teilen und gründlich waschen.

3. Kartoffeln waschen, gut schälen und ganz besonders darauf achten, dass alle Augen und dunklen Stellen entfernt werden. In kleine Stücke schneiden.

4. Gemüse in einen Topf mit dem Wasser geben und bei schwacher Hitze zugedeckt ca. 15 Minuten köcheln lassen.

5. Gegen Ende der Kochzeit die Hirseflocken hinzufügen.

6. Rapsöl sowie Apfelsaft dem Brei hinzufügen.

7. Alles fein pürieren. Den abgekühlten Brei portionsweise einfrieren. Den Brei vorher sorgfältig abwiegen.

2.

4.

5.

6.

Gemüse-Kartoffel-Fleisch-Brei 75

Romanesco-Brei mit Couscous

Ab 7. Monat
Zubereitungszeit: 25 Minuten

Zutaten für 1 Portion:
100 g Romanesco
100 ml Wasser
50 ml Möhren-Direktsaft
20 g Couscous
40 g Äpfel
8 ml Rapsöl

Zutaten für 5 Portionen:
500 g Romanesco
250 ml Wasser
250 ml Möhren-Direktsaft
100 g Couscous
200 g Äpfel
40 ml Rapsöl

Zubereitung (für 1 Portion):

1. Romanesco in kleine Röschen teilen und gründlich waschen.

2. Romanesco in einen Topf mit dem Wasser geben und bei schwacher Hitze zugedeckt ca. zehn Minuten köcheln lassen.

3. Währenddessen den Möhrensaft mit dem Couscous vermischen und zehn Minuten lang quellen lassen.

4. Äpfel waschen, schälen, Kerngehäuse entfernen und Fruchtfleisch in kleine Würfel schneiden.

5. Gegarten Romanesco zusammen mit den Apfelwürfeln pürieren.

6. Couscous zum Gemüse-Obst-Püree geben und den Brei noch einmal kurz aufkochen lassen.

7. Rapsöl dem Brei hinzufügen und alles noch einmal kräftig durchrühren.

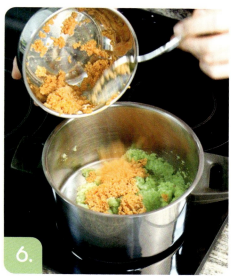

Gemüse-Kartoffel-Fleisch-Brei

Fingerfood

Unter den Babys gibt es echte Brei-Liebhaber. Andere wiederum möchten schon früh etwas „Handfestes". Sie möchten gerne aktiv das Essen in die Hand nehmen und schon ein bisschen kauen oder nagen. Für solche Babys ist Fingerfood optimal – nicht nur als Zwischenmahlzeit. Ganz wichtig ist, dass Sie unbedingt bei Ihrem Kind bleiben, falls es sich verschluckt!

Gemüsesticks

Ab 7. Monat
Zubereitungszeit: 25 Minuten

Für das Fingerfood empfehle ich Ihnen, das Gemüse zu dämpfen. Das ist die schonendste Garmethode. Dadurch dass nur Wasserdampf mit dem Gemüse in Verbindung kommt, werden die Inhaltsstoffe, Geschmacksstoffe, Mineralien und Vitamine sehr schonend behandelt und nicht ins Kochwasser ausgelaugt.

Zutaten für 1 Portion:
50 g Zucchini
50 g Möhren
50 g Kohlrabi
8 ml Rapsöl

Zubereitung:

1. Gemüse waschen, mit einem Sparschäler schälen, putzen, von dem Kohlrabi falls nötig holzige Stellen wegschneiden und das Gemüse in kleine Stäbchen schneiden.

2. Den Topf mit Wasser füllen, sodass dieses auf ca. 4 cm Höhe ansteigt. Das Gemüse in einen Dämpfeinsatz legen und mit dem Deckel schließen. Es ist wichtig, dass das Gemüse nur mit Dampf und nicht mit dem Wasser direkt in Verbindung kommt.

3. Das Wasser mit wenig Hitze zum Dampfen bringen. Den Topf möglichst geschlossen halten.

4. Nach ca. zehn Minuten die Zucchini, nach ca. 12 Minuten den Kohlrabi und nach 15 Minuten die Möhren entnehmen. Das Gemüse in dem Rapsöl schwenken.

Die Gemüsesticks auf einem Tellerchen anrichten, damit sich Ihr Baby selbst bedienen kann.

🍴 Obststicks

Ab 8. Monat
Zubereitungszeit: 5 Minuten

Zutaten für 1 Portion:
1 Stück Obst (z. B. Apfel, Birne, Pfirsich, Aprikose, Banane)

Zubereitung:

1. Obst waschen, schälen, Kerngehäuse entfernen und in fingergerechte Stücke schneiden.

Die Obststückchen auf einem Tellerchen anrichten, damit sich Ihr Baby selbst bedienen kann. Wenn das Baby schon etwas älter und geübt ist, können Sie die essbare Schale am Obst dranlassen.

Abendbrei

ab dem 6. Monat

Milch-Getreide-Brei am Abend*
1. Woche

Nach einiger Zeit hat sich Ihr Baby an den Gemüse-Kartoffel-Fleisch-Brei gewöhnt und Sie können ab dem 6. Monat damit beginnen, am Abend Milch-Getreide-Brei zu füttern.

Dabei ist ausgesprochen wichtig, dass Sie entweder Kuhmilch langsam einführen oder den Brei mit Pre-Nahrung zubereiten. Sie beginnen zunächst mit einem Milch-Wasser-Gemisch. Auch das Obstmus aus Apfel, Banane, Birne oder Melone wird zunächst vorsichtig dosiert und nach und nach erhöht.

Nach den ersten Milch-Brei-Portionen wird Ihr Baby nicht satt sein. Stillen Sie es deshalb im Anschluss. Nach einigen Wochen können Sie den Brei mit 200 ml Milch oder auch weiterhin mit Pre-Nahrung zubereiten.

Beachten Sie dabei, dass Sie zuerst den Brei wie beschrieben mit Wasser anstatt Milch kochen, dann das HA-Pulver hinzufügen und erst zum Schluss das Obst dazugeben. Wenn der Arzt Ihres Babys von Kuhmilch abrät, können Sie alle Milch-Getreide-Breie auch mit abgepumpter Milch zubereiten.

Dinkel-Hafer-Schmelzflocken-Brei mit Obstmus

Ab 6. Monat
Zubereitungszeit: 5 Minuten

Zutaten für den 1. bis 3. Tag:
10 g Dinkel-Hafer-Schmelzflocken
50 ml Wasser
50 ml Milch*
10 g Obstmus (Zubereitung wie auf Seite 44 beschrieben)

Zubereitung für 1 Portion:

1. Schmelzflocken, Wasser und Milch genau abmessen.

2. Milch-Wasser-Gemisch zusammen mit den Schmelzflocken in einen kleinen Topf geben.

3. Die Mischung kurz aufkochen lassen und dabei mit dem Schneebesen rühren, damit nichts anhaftet.

4. Den fertigen Brei ein klein wenig abkühlen lassen und das Obstmus unterrühren.

Das Obstmus können Sie auch durch die gleiche Menge Apfel-Direktsaft esetzen.

Die Zubereitung in den nächsten Tagen findet gleichermaßen statt, wobei die Mengen sich ändern:

Zutaten für den 4. bis 6. Tag:
10 g Dinkel-Hafer-Schmelzflocken
100 ml Milch*
10 g Obstmus

Zutaten ab dem 7. Tag:
20 g Dinkel-Hafer-Schmelzflocken
200 ml Milch*
20 g Obstmus

> ### ■ Warum Schmelzflocken? ■
>
> Sie sind optimal für den Start mit dem Abendbrei, denn da sie für die Ernährung von Babys und Kleinkindern hergestellt werden, werden sie besonders streng kontrolliert. Sie lösen sich in der Milch gut auf und sind damit sehr schnell zubereitet. Achten Sie beim Kauf auf das Bio-Siegel!

Abendbrei

Grieß-Brei mit Banane

Ab 6. Monat
Zubereitungszeit: 10 Minuten

Zutaten für 1 Portion:
50 g Banane
200 ml Milch*
20 g Grieß, z. B. Vollkorn- oder Dinkelgrieß

Zubereitung:

1. Banane schälen und mit einer Gabel zerdrücken.

2. Milch zusammen mit dem Grieß in einen kleinen Topf geben.

3. Milch-Grieß-Mischung vorsichtig aufkochen lassen und dabei mit dem Schneebesen rühren. Bei schwacher Hitze ca. drei Minuten quellen lassen. Dabei immer wieder rühren.

4. Wenn der Brei eine schöne Konsistenz hat, die zerdrückte Banane untermischen.

1.

Verwenden Sie unbedingt reife Bio-Bananen. Reife Bananen erkennt man an der satten gelben Farbe und einigen schwarzen Verfärbungen auf der Schale. Nur durch die volle Reife kann die Banane ihren aromatisch-süßlichen Geschmack entfalten. Durch die Banane wirkt dieser Brei eher stopfend.

3.

4.

Milch-Getreide-Brei

Reisflocken-Brei mit Apfel

Ab 6. Monat
Zubereitungszeit: 15 Minuten

Zutaten für 1 Portion:
50 g Apfel
200 ml Milch*
20 g Reisflocken

Zubereitung:

1. Den Apfel gründlich waschen und eventuell schälen. Das Kerngehäuse herausschneiden, in kleine Würfel schneiden und pürieren.

2. Milch zusammen mit den Reisflocken in einen kleinen Topf geben.

3. Die Mischung vorsichtig aufkochen lassen und dabei mit dem Schneebesen rühren. Bei schwacher Hitze ca. sechs Minuten quellen lassen. Dabei immer wieder rühren.

4. Wenn der Brei eine schöne Konsistenz hat, das Apfelpüree untermischen und den Brei noch einmal kurz aufkochen lassen.

Ab dem 9. Monat können Sie diesen Brei anstatt mit Apfel auch mit frischen oder TK-Himbeeren zubereiten. Durch die Himbeeren bekommt der Brei eine herrliche Farbe und auch bei Babys zählt: Das Auge isst mit!

Bei allergiegefährdeten Babys kann es sinnvoll sein, die Äpfel zu schälen, da scheinbare Apfelallergiker geschälte Äpfel häufig doch essen können.

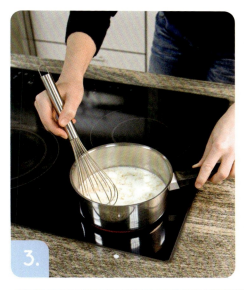

3.

4.

Milch-Getreide-Brei

Abendbrei

Zwieback-Brei mit Birnenmus

Ab 6. Monat
Zubereitungszeit: 5 Minuten

Zutaten für 1 Portion:
3 Vollkornzwiebäcke (30 g)
150 ml Milch*
30 ml Wasser
50 g Birnenmus (Zubereitung wie auf Seite 44 beschrieben)

▪ Achtung ▪
Zwieback enthält Milch! Deshalb ist dieser Brei nicht für allergiegefährdete Babys geeignet.

Zubereitung:

1. Zwiebäcke in einen Gefrierbeutel geben. Mit der einen Hand den Beutel geschlossen halten und mit der anderen Hand mithilfe eines Nudelholzes die Zwiebäcke zu Bröseln verarbeiten.

2. Milch und Wasser in einem kleinen Topf erwärmen.

3. Zwieback-Brösel hinzufügen und kurz quellen lassen.

4. Das Birnenmus untermischen.

Zwieback enthält Milch, deshalb genügen bei diesem Abendbrei 150 ml Milch und werden durch 30 ml Wasser ergänzt.

1.

Milch-Getreide-Brei

Hirseflocken-Brei mit Aprikosen-Melonen-Mus

Ab 7. Monat
Zubereitungszeit: 10 Minuten

Zutaten für 1 Portion:
20 g Hirseflocken
200 ml Milch*
50 g Aprikosen-Melonen-Mus (Zubereitung wie auf Seite 45 beschrieben)

Zubereitung:

1. Hirseflocken und Milch genau abmessen.

2. Milch zusammen mit den Hirseflocken in einen kleinen Topf geben.

3. Die Mischung vorsichtig aufkochen lassen und dabei mit dem Schneebesen rühren. Bei schwacher Hitze ca. drei Minuten quellen lassen. Dabei immer wieder rühren.

4. Wenn der Brei eine schöne Konsistenz hat, den Topf von der Kochstelle nehmen und das Aprikosen-Melonen-Mus unter den Brei rühren. Durch das kühle Mus hat der Brei schnell die richtige Esstemperatur.

Bereiten Sie diesen Brei anstatt mit Mus doch einmal mit geriebenem Apfel zu. So wirkt der Brei eher stopfend und macht selbst die hungrigsten Leckermäuler satt.

Milch-Getreide-Brei

Maisgrieß-Brei mit Erdbeeren

Ab 9. Monat
Zubereitungszeit: 15 Minuten

Zutaten für 1 Portion:
200 ml Milch*
20 g Maisgrieß (Polenta)
50 g Erdbeeren

Zubereitung:

1. Milch zusammen mit dem Maisgrieß in einen kleinen Topf geben und fünf Minuten quellen lassen.

2. Erdbeeren gründlich waschen, putzen und mit einer Gabel zerdrücken.

3. Den Brei unter ständigem Rühren mit dem Schneebesen ca. fünf Minuten köcheln lassen, bis er eine schöne Konsistenz hat.

4. Zerdrückte Erdbeeren untermischen und noch einmal kurz aufkochen lassen.

Frische Erdbeeren sind ganz besonders zu empfehlen, wenn gerade Saison ist – am aromatischsten sind sie natürlich aus Omas Garten. Nutzen Sie deshalb entweder Ihre Chance, während der Saison Erdbeermus zu kochen und einzufrieren, oder greifen Sie für diesen Brei auf Tiefkühlware zurück.

Milch-Getreide-Fläschchen am Abend
1. Woche

Ab dem 6. Monat kann Ihr Baby mit dem Milch-Getreide-Brei am Abend beginnen. Doch wenn Sie merken, dass Ihr Baby am Abend in den Löffelstreik tritt, machen Sie es sich und dem Baby etwas einfacher: Bereiten Sie ein Abendfläschchen vor. Das ist zugegeben die bequemere, aber nicht unbedingt bessere Methode. Besonders bei Stillkindern wäre es schön, wenn Sie das „Flaschen-Thema" komplett umgehen könnten. Doch bevor jeder Abend zu einem anstrengenden Fiasko führt, ist dies eine nervenschonende Methode – für Sie und Ihr Baby!

Es gelten die gleichen Regeln wie beim Milch-Getreide-Brei: Führen Sie auch hier die Kuhmilch langsam ein oder bereiten Sie das Fläschen mit Pre-Nahrung zu. Ergänzen Sie die Milch zunächst durch Wasser. Halten Sie je nach Konsistenz der Milchnahrung für das Fläschchen Sauger für Milchnahrung oder Brei (Kreuzschlitz-Sauger) bereit. Nach einigen Woche können Sie dann auch das Fläschchen mit 200 ml Milch zubereiten.

 ## Schmelzflocken-Fläschchen mit Birnensaft

Ab 6. Monat
Zubereitungszeit: 5 Minuten

Zutaten für den 1. bis 3. Tag:
50 ml Milch*
50 ml Wasser
5 g Schmelzflocken
15 ml Birnen-Direktsaft

Zubereitung für 1 Portion:

1. Milch-Wasser-Gemisch zusammen mit den Schmelzflocken in einen kleinen Topf geben. Die Mischung kurz aufkochen lassen und dabei mit dem Schneebesen rühren, damit nichts anhaftet.

2. Topf von der Kochstelle nehmen und den Birnen-Direktsaft untermischen.

3. Milch kurz abkühlen lassen, in ein Fläschchen mit Sauger gießen und das Fläschchen noch einmal gut durchschütteln.

4. Milchtemperatur vor dem Füttern überprüfen.

Bevor Sie Ihrem Baby die Flasche reichen, kontrollieren Sie bitte immer die Milchtemperatur. Ist die Milch zu heiß, dann kühlen Sie diese ab, indem Sie die Flasche in ein Gefäß mit kaltem Wasser stellen. Sie können die Temperatur überprüfen, indem Sie einige Tropfen auf die Innenseite Ihres Handgelenks träufeln. Ist die Temperatur dort angenehm, ist sie das auch für Ihr Baby.

Die Zubereitung in den nächsten Tagen findet gleichermaßen statt, wobei die Mengen sich ändern:

Zutaten für den 4. bis 6. Tag:
100 ml Milch*
100 ml Wasser
10 g Schmelzflocken
30 ml Birnen-Direktsaft

Zutaten ab dem 7. Tag:
200 ml Milch*
10 g Schmelzflocken
30 ml Birnen-Direktsaft

1.

2.

4.

Milch-Getreide-Brei

Haferflocken-Fläschchen mit Apfel- und Möhrensaft

Ab 6. Monat
Zubereitungszeit: 15 Minuten

Zutaten für 1 Portion:
200 ml Milch*
10 g zarte Haferflocken
15 ml Apfel-Direktsaft
15 ml Möhren-Direktsaft

Zubereitung:

1. Milch zusammen mit den Haferflocken in einen kleinen Topf geben.

2. Die Mischung vorsichtig aufkochen lassen und dabei mit dem Schneebesen rühren. Bei schwacher Hitze ca. zehn Minuten weiterkochen lassen. Dabei immer wieder rühren, bis sich die Haferflocken weitestgehend aufgelöst haben. Sollten Rückstände von den Haferflocken bleiben, die Milch durch ein Sieb gießen, da die Haferflöckchen einen Stau im Sauger verursachen würden.

3. Topf von der Kochstelle nehmen und Apfel- sowie Möhrensaft untermischen.

4. Milch kurz abkühlen lassen. Anschließend in ein Fläschchen mit Kreuzschlitz-Sauger gießen und das Fläschchen noch einmal gut durchschütteln.

5. Milchtemperatur vor dem Füttern überprüfen.

Sie können auch einen eigenen Saft aus Trauben für die Milch machen: Nehmen Sie einige Trauben, waschen Sie diese gründlich und drücken Sie sie durch ein Sieb.

Milch-Getreide-Brei 97

Instant-Haferflocken-Fläschchen mit Mango

Ab 7. Monat
Zubereitungszeit: 10 Minuten

Zutaten für 1 Portion:
200 ml Milch
10 g Instant-Haferflocken
50 g Mango

Zubereitung:

1. Milch mit den Instant-Haferflocken in einen Topf geben und kalt verrühren. Kurz aufkochen lassen.

2. Mango schälen und in kleine Würfel schneiden. Anschließend zu der Milch geben und alles gut miteinander pürieren.

3. Milch kurz abkühlen lassen, in ein Fläschchen mit Sauger gießen und das Fläschchen noch einmal gut durchschütteln.

4. Milchtemperatur vor dem Füttern überprüfen.

Statt der Instant-Haferflocken können Sie auch Reis- oder Hirseflocken benutzen. Diese müssen allerdings zwei bis drei Minuten in der Milch quellen.

Nachmittagsbrei

ab dem 7. Monat

Getreide-Obst-Brei am Nachmittag

Nach ca. vier Wochen hat sich Ihr Baby auf den Abendbrei eingestellt und Sie können im 7. Monat mit der Einführung des Getreide-Obst-Breis beginnen. Dieser zeichnet sich dadurch aus, dass er nicht mit Milch, sondern mit Wasser zubereitet wird. Wenn der Arzt Ihres Babys dazu rät, Kuhmilch möglichst spät einzuführen, so können Sie den Getreide-Obst-Brei am Nachmittag vor dem Milch-Getreide-Brei am Abend einführen.

Eine Nachmittagsmahlzeit, die ebenfalls Milchprodukte enthalten würde, würde zu viel Mineralstoffe liefern. Das im Brei enthaltene Getreide liefert Ihrem Baby Eisen und das Obst liefert viele Vitamine. Ein wenig Öl ist wichtig für die „öl-löslichen" Vitamine und gibt Ihrem Baby die Energie, die es braucht.

Bitte beachten Sie, dass Obstmus am Nachmittag alleine nicht lange genug anhält und Knabberkekse auf dem Speiseplan Ihres Babys vor dem 11. Monat nichts zu suchen haben! Deshalb ist es besser, wenn Sie Ihrem Kind am Nachmittag Getreide-Obst-Brei geben.

🍴 Hirseflocken-Brei mit Honigmelone

Ab 7. Monat
Zubereitungszeit: 10 Minuten

Zutaten für 1 Portion:
20 g Hirseflocken
90 ml Wasser
100 g Honigmelone
1 TL Rapsöl

Zubereitung:

1. Hirseflocken und Wasser genau abmessen.

2. Honigmelone in Stücke schneiden und in einem hohen Gefäß pürieren.

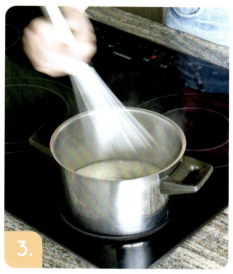

3. Wasser zusammen mit den Hirseflocken in einen kleinen Topf geben und mit einem Schneebesen verrühren. Die Wasser-Hirse-Mischung unter ständigem Rühren aufkochen und bei schwacher Hitze ca. drei Minuten quellen lassen. Dabei immer wieder rühren. Im Anschluss den Topf sofort von der heißen Herdplatte nehmen, da der Brei sonst anbrennt.

> ■ **Tipp** ■
>
> Statt Honigmelone können Sie auch Pfirsich oder Birne verwenden.

4. Brei mit der pürierten Melone gut verrühren.

5. Rapsöl hinzufügen.

Nachmittagsbrei

 # Reisflocken-Brei mit Apfelmus

Ab 7. Monat
Zubereitungszeit: 10 Minuten

Zutaten für 1 Portion:
20 g Reisflocken
100 ml Wasser
100 g Apfelmus (Zubereitung wie auf Seite 44 beschrieben)
1 TL Rapsöl

Zubereitung:

1. Reisflocken und Wasser miteinander in einen kleinen Topf geben und mit einem Schneebesen verrühren. Die Mischung unter ständigem Rühren aufkochen und bei schwacher Hitze ca. sechs Minuten quellen lassen. Dabei immer wieder rühren. Im Anschluss den Topf sofort von der heißen Herdplatte nehmen, da der Brei sonst anbrennt.

2. Brei mit dem Apfelmus gut verrühren.

3. Rapsöl hinzufügen.

Durch die Einführung von immer mehr Breimahlzeiten wird die Verdauung Ihres Kindes träger. Das Apfelmus aus diesem Brei wird die Verdauung Ihres Babys eher anregen!

1.

2.

3.

Getreide-Obst-Brei

🍴 Zwieback-Brei mit Pfirsich

Nachmittagsbrei

Ab 7. Monat
Zubereitungszeit: 5 Minuten

Zutaten für 1 Portion:
3 Vollkornzwiebäcke (30 g)
120 g Pfirsich
1 TL Rapsöl

■ Tipp ■

- Wenn der Brei etwas zu dick ist, weil die Frucht nicht so saftig war, kann er mit etwas Wasser gestreckt werden.
- Dieser Brei ist perfekt für unterwegs!

Zubereitung:

1. Zwiebäcke in einen Gefrierbeutel geben. Mit der einen Hand den Beutel geschlossen halten und mit der anderen mithilfe eines Nudelholzes zu Bröseln verarbeiten.

Nun Möglichkeit A (nicht schälen):

2. Pfirsich gründlich waschen, entkernen und in kleine Würfel schneiden

3. Pfirsich in einem hohen Gefäß pürieren.

Oder Möglichkeit B (schälen):

4. Pfirsich gründlich waschen, schälen, entkernen und mit einer Gabel zerdrücken.

5. Zwieback-Brösel und Pfirsich miteinander mischen.

6. Rapsöl hinzufügen und alles gut miteinander vermischen. Kurz quellen lassen.

Die Haut von Pfirsichen sowie von vielen anderen Obstsorten wie Birnen, Äpfeln, usw. ist ab dem 7. Lebensmonat kein Problem, wenn sie gut püriert wird. Unter der Schale verstecken sich die meisten Bioaktivstoffe, deshalb waschen Sie das Obst einfach nur gründlich, reiben Sie es mit einem sauberen Küchentuch trocken und pürieren Sie es fein.

Achtung:
Zwieback enthält Milch! Deshalb ist dieser Brei nicht für allergiegefährdete Babys geeignet.

1.

2.

3.

4.

5.

6.

Getreide-Obst-Brei

Haferflocken-Brei mit Apfel

Nachmittagsbrei

Ab 7. Monat
Zubereitungszeit: 15 Minuten

Zutaten für 1 Portion:
20 g zarte Haferflocken
120 ml Wasser
100 g Äpfel
8 ml Rapsöl

Zutaten für 7 Portionen:
150 g zarte Haferflocken
900 ml Wasser
700 g Äpfel
50 ml Rapsöl

Zubereitung für 7 Portionen:

1. Haferflocken in einen Topf mit dem Wasser geben und unter ständigem Rühren bei schwacher Hitze einige Minuten kochen lassen, sodass eine breiige Masse entsteht.

2. Äpfel gründlich waschen, das Kerngehäuse entfernen und das Fruchtfleisch in kleine Stücke schneiden.

3. Äpfel und Rapsöl dem Haferbrei hinzufügen und gut miteinander verrühren.

4. Den Brei von der Kochstelle nehmen, fein pürieren und anschließend noch einmal kurz aufkochen lassen.

Dieser Brei eignet sich sehr gut für den Vorrat im Gefrierschrank.

1.

2.

3.

4.

Getreide-Obst-Brei

Nachmittagsbrei

Reiswaffel-Brei mit Birne

Ab 7. Monat
Zubereitungszeit: 5 Minuten

Zutaten für 1 Portion:
4 Reiswaffeln (30 g), ungesalzen
100 g Birne
100 ml Wasser
1 TL Rapsöl

1.

Zubereitung:

1. Reiswaffeln in einen Gefrierbeutel geben. Mit der einen Hand den Beutel geschlossen halten und mit der anderen die Reiswaffeln zu Bröseln verarbeiten. Anschließend in ein hohes Gefäß geben.

2. Birne gründlich waschen, das Kerngehäuse entfernen und das Fruchtfleisch in kleine Würfel schneiden.

3. Wasser kurz aufkochen lassen und über die Reiswaffeln gießen.

4. Birnenwürfel und Rapsöl hinzufügen.

5. Alles fein pürieren.

Dieser Brei ist perfekt für unterwegs!

2.

3.

4.

5.

Getreide-Obst-Brei

🍴 Couscous-Brei mit Mango

Ab 7. Monat
Zubereitungszeit: 15 Minuten

Zutaten für 1 Portion:
20 g Couscous
180 ml Wasser
100 g Mango
1 TL Rapsöl

Zubereitung:

1. Couscous und Wasser genau abmessen.

2. Mango schälen, in kleine Würfel schneiden und fein pürieren.

3. Wasser zusammen mit dem Couscous in einen kleinen Topf geben und mit einem Schneebesen verrühren. Die Wasser-Couscous-Mischung unter ständigem Rühren aufkochen und ca. zehn Minuten kochen lassen. Im Anschluss den Topf sofort von der heißen Herdplatte nehmen, da der Brei sonst anbrennt.

4. Brei mit Mango-Püree und Rapsöl vermischen.

▪ Tipp ▪

Statt dem Coucous können Sie auch Hirse- oder Reisflocken verwenden.

1.

3.

4.

Getreide-Obst-Brei 113

Grieß-Brei mit Heidelbeeren

Nachmittagsbrei

Ab 9. Monat
Zubereitungszeit: 10 Minuten

Zutaten für 1 Portion:
50 g TK-Heidelbeeren ohne Zuckerzusatz
100 ml Wasser
20 g Grieß, z. B. Vollkorn- oder Dinkelgrieß
1 TL Rapsöl

Zubereitung:
1. TK-Heidelbeeren nach Packungsanweisung auftauen lassen und pürieren.

2. Wasser zusammen mit dem Grieß in einen kleinen Topf geben und mit einem Schneebesen verrühren. Die Mischung unter ständigem Rühren aufkochen und ca. drei Minuten quellen lassen. Dabei immer wieder rühren. Im Anschluss den Topf sofort von der heißen Herdplatte nehmen, da der Brei sonst anbrennt.

3. Brei mit Heidelbeer-Püree und Rapsöl gut vermischen.

■ Achtung ■
Geben Sie Ihrem Baby auf keinen Fall zu früh Heidelbeeren im Ganzen. Es besteht Erstickungsgefahr, wenn diese in die Luftröhre gelangen!

▪ Tipp ▪

Scheuen Sie sich nicht, Tiefkühl-Obst und -Gemüse zu verwenden. Diese werden erntefrisch und schonend tiefgefroren – so bleiben die wertvollen Vitamine und der ursprüngliche Geschmack der Früchte bestmöglich erhalten. Konservenfrüchte sollten Sie keinesfalls für Ihr Baby verwenden!

Ich will mehr!

ab dem 11. Monat

Ich will mehr!

Zwischenmahlzeiten

Ihr Baby wird immer mobiler. Das eine krabbelt munter durch die Wohnung, während das andere schon durch den Garten tippelt und die Natur erkundet. So viel Bewegungsdrang macht hungrig und fordert mehr Energie in Form von Nahrung.

Neben den drei Hauptmahlzeiten Frühstück, Mittag- und Abendessen sollte es ab dem 11. Monat zwei kleine Zwischenmahlzeiten geben – eine am Vormittag und eine am Nachmittag. Achten Sie darauf, dass diese Zwischenmahlzeiten genauso regelmäßig eingehalten werden wie die Hauptmahlzeiten. Sie sind nicht weniger wichtig und sorgen dafür, dass das Kind nicht zum unkontrollierten Dauernascher wird. Die Zwischenmahlzeit sollte ebenfalls im Sitzen an einem ruhigen Ort eingenommen werden und nicht unterwegs oder im größten Stress schnell in den Mund geschoben werden. Zudem ist auch wichtig, wie diese Zwischenmahlzeit aussieht: Sie soll zum einen Energie liefern, aber auch nicht zu schwer im Magen liegen. Auch müssen Sie diese nicht immer komplett selbst zubereiten, sondern können sich an Nahrung aus dem Supermarktregal bedienen – und die steht keineswegs immer in der Babyabteilung!

🍴 Schnelle Zwischenmahlzeiten

Gegen Ende des ersten Lebensjahres Ihres Babys tritt so langsam Ihr Alltag wieder ein: Sie und Ihr Baby werden zunehmend mobiler und manchmal – wenn man z. B. auf dem Spielplatz oder in der Stadt ist – braucht man recht schnell eine Zwischenmahlzeit griffbereit.

1. **Vollkorn- oder Dinkelzwieback:** Achten Sie beim Kauf genau auf die Zutatenliste. Er entpuppt sich schnell als kleine Zuckerbombe. Optimal ist, wenn er gar keinen Zucker enthält.

2. **Vollkornbrot:** Achten Sie darauf, dass es nicht zu grobkörnig ist, da Ihr Kind beim Essen sonst keine Freude haben wird. Fein gemahlenes Vollkornbrot lässt sich leichter kauen und schlucken. Noch leichter machen Sie es Ihrem Kind, wenn Sie das Brot in kleine Streifen schneiden.

3. **Reiswaffeln:** Achten Sie beim Kauf darauf, dass sie kein Salz enthalten. Zum Knabbern sind sie gut geeignet.

Sie sättigen gut und sind leicht bekömmlich. Mit Schokolade überzogene Reiswaffeln kommen leider nicht infrage.

4. **Vollkorn-Grissini:** Die langen, dünnen Knabberstangen aus Vollkorn sind ein echter Knusperspaß.

5. **Kleine Häppchen:** z. B. Käse-Gurken-Würfelchen oder Vollkornbrot-Käse-Würfelchen. Hier gibt es unendlich viele Variationen.

6. **Obst und Gemüse:** Eine Hand voll Obst oder Gemüse liefert viel Wasser und Ballaststoffe.

Ich will mehr!

🍴 Fruchtige Haferkleckse

Ab 11. Monat
Zubereitungszeit: 10 Minuten
+ 15–20 Minuten Backzeit

Zutaten für ca. 40 Stück (2 Backbleche):
150 g zarte Haferflocken
250 g Apfelmus (Zubereitung wie auf Seite 44 beschrieben)

Zubereitung:

1. Haferflocken mit dem Apfelmus in einer Schüssel vermengen, bis ein klebriger Teig entsteht.

2. Ein Backblech mit Backpapier auslegen und den Backofen auf 160°C vorheizen.

3. Mithilfe von zwei Teelöffelchen kleine Kleckse auf das Backblech setzen. Die Löffelchen zwischendrin immer wieder kurz in eine Tasse mit heißem Wasser tauchen.

4. 15 bis 20 Minuten backen. Je länger die Haferkleckse im Backofen sind, desto knuspriger werden sie.

Wenn Ihr Baby schon etwas geübter ist, können Sie anstelle der Haferflocken auch eine klein geschrotete Müslimischung mit Trockenobst (natürlich ohne harte Kerne und Nüsse) verwenden.

🍴 Vollkorn-Taler

Ab 11. Monat
Zubereitungszeit: 10 Minuten
+ 15–20 Minuten Backzeit

Zutaten für ca. 50 Stück
(2 Backbleche):
200 g Vollkorn-Dinkel-Mehl
20 g Puderzucker
150 g Butter

Zubereitung:

1. Mehl und Puderzucker sieben. Butter weich werden lassen.

2. Alle Zutaten in eine Schüssel geben und miteinander verkneten.

3. Ein Backblech mit Backpapier auslegen und den Backofen auf 180°C vorheizen.

4. Teig zwischen den Händen zu kleinen Bällchen rollen, platt drücken und auf das Backblech legen.

5. 15 bis 20 Minuten backen.

Dinkelwaffeln mit Apfelmus

Ab 11. Monat
Zubereitungszeit: 20 Minuten
+ 30 Minuten Ruhezeit

Zutaten für 4 Waffeln:
Für die Waffeln:
200 g Dinkelmehl
300 ml Mineralwasser
20 ml Rapsöl
50 ml Ahornsirup

Außerdem:
Apfelmus (Zubereitung wie auf Seite 44 beschrieben)
Öl für das Waffeleisen

Zubereitung:

1. Das Mehl sieben.

2. Alle Zutaten in eine Schüssel geben und miteinander verrühren.

3. Den Teig 30 Minuten lang im Kühlschrank ruhen lassen.

4. Das Waffeleisen mit etwas Öl bestreichen und die Waffeln darin knusprig braun backen.

Nicht nur warm, sondern auch kalt sind die Waffeln ein Genuss. Ohne Apfelmus eignen sich die kleinen Waffelherzen als Fingerfood.

2.

4.

Ich will mehr!

Frühstück

Ab dem 11. Monat kann es soweit sein: Ihr Baby möchte frühstücken. Hier sind die Vorlieben und auch die Mengenvorstellungen der Kleinen völlig unterschiedlich. Auch unter kleinen Kindern gibt es Morgenmuffel, die lieber etwas trinken möchten, wobei andere morgens schon gerne etwas Handfestes zu sich nehmen. Beobachten Sie Ihr Kind! Besonders viel Spaß macht es natürlich, wenn Ihr Nachwuchs das Gleiche – oder zumindest leicht abgewandelt – bekommt wie Sie. Denn was sich auf Ihrem Teller oder auf dem der Geschwister abspielt, wird immer interessanter.

Müsli

Leider hält sich das Gerücht, dass Müsli automatisch etwas Gesundes ist, hartnäckig. Verkauft werden u. a. sämtliche Knuspermischungen & Co. als gesundes Frühstück. Seien Sie bitte vorsichtig bei solchen Mogelpackungen und stellen Sie die Mischung am besten selbst zusammen. Nur so können Sie sichergehen, dass Ihr Baby nicht überaromatisierte Cerealien mit zu viel Zucker und zu wenig sättigenden Ballaststoffen bekommt.

 ### Beerenstarkes Müsli

Ab 11. Monat
Zubereitungszeit: 5 Minuten

Zutaten für 1 Portion:
50 g TK-Beeren ohne Zuckerzusatz
150 g Naturjoghurt (3,5 % Fett)
15 g zarte Haferflocken

1.

Zubereitung:

1. Beeren nach Packungsanweisung auftauen lassen.

2. Beeren zusammen mit dem Joghurt pürieren.

3. Haferflocken untermischen.

Die Beeren können Sie durch andere Früchte austauschen. Wenn Ihr Kind schon etwas älter ist, können Sie das Müsli mit ganzen Früchten verzieren. Beachten Sie bitte, dass Sie Ihrem Baby auf keinen Fall zu früh Johannis- und Heidelbeeren im Ganzen geben. Es besteht Erstickungsgefahr, wenn diese in die Luftröhre gelangen!

🍴 Bananaccino

> Ab 11. Monat
> Zubereitungszeit: 5 Minuten

Zutaten für 1 Portion:
150 ml Milch
50 g Banane
10 g Instant-Haferflocken

Zubereitung:

1. 120 ml Milch mit der geschälten Banane pürieren.

2. Bananenmilch in einen kleinen Topf geben und die Instant-Haferflocken hinzufügen. Kurz aufkochen lassen und den Topf von der Kochstelle nehmen.

3. Restliche Milch etwas aufwärmen und aufschäumen. Die Bananenmilch in eine Tasse gießen und den Milchschaum darauftäufeln.

Kinder möchten immer gerne bei den Großen mitmachen. Deshalb entsteht ein schönes Zusammengehörigkeits-Gefühl, wenn Sie morgens Ihren Cappuccino und Ihr Kleines den Bananaccino „schlürfen" kann.

Mittagessen

Ich will mehr!

Führen Sie Ihr Kind langsam an das für Sie gewohnte Mittagessen heran. Ab dem 11. Monat gibt es erste frische Kräuter. Ein wenig später können Sie dann auch mit dem Würzen beginnen. Ihr Nachwuchs soll nach und nach die vielfältigen Köstlichkeiten entdecken, wobei Sie immer seltener speziell für Ihr Kind kochen werden. Wichtig ist, dass die Ernährung ausgewogen ist.

Ab dem ersten Lebensjahr können Sie Ihrem Kind das Gleiche geben, das Sie auf Ihrem Teller haben. Sie werden nur mehr klein schneiden bzw. das eine oder andere noch pürieren müssen. Wie ein Mittagessen für die Übergangszeit aussehen kann, zeigen diese zwei familientauglichen Rezepte: Sie sind für vier Personen angelegt und schmecken Groß und Klein gleichermaßen gut.

Vollkorn-Buchstabennudeln mit Tomatensoße

Ab 11. Monat
Zubereitungszeit: 25 Minuten

Zutaten für 4 Portionen:
Für die Soße:
500 g Tomaten, 20 g Tomatenmark
½ TL Zucker, 10 Blätter frisches Basilikum
Pfeffer

Für die Nudeln:
50 g Vollkorn-Buchstabennudeln für 1 Kleinkind, 80 g Spaghetti (oder andere Nudelsorte) pro Erwachsener

Zubereitung:

1. Tomaten waschen, den Strunk entfernen, auf der gegenüberliegenden Seite kreuzweise einschneiden und in einer Schüssel mit kochendem Wasser übergießen. Nach ca. einer Minute das Wasser abgießen, die Tomaten enthäuten und pürieren.

2. Nudeln nach Packungsanweisung kochen.

3. Pürierte Tomaten zusammen mit dem Tomatenmark und Zucker in einem Topf erhitzen.

4. Basilikum waschen und klein hacken.

5. Soße mit etwas Pfeffer abschmecken und anschließend das gehackte Basilikum darüberstreuen.

Ein vegetarisches Gericht, das nur durch das Austauschen der Nudeln und Abschmecken mit Salz absolut erwachsenentauglich wird.

Naturreis mit Hackfleischsoße

Ab 11. Monat
Zubereitungszeit: 30 Minuten

Zutaten für 4 Portionen:
Für die Soße:
200 g Tomaten
1 EL Rapsöl
250 g Hackfleisch, gemischt
Pfeffer, Paprikapulver und Muskatnuss

Für den Reis:
50 g Naturreis für 1 Kleinkind
100 g Naturreis pro Erwachsener

Zubereitung:

1. Tomaten waschen, den Strunk entfernen, auf der gegenüberliegenden Seite kreuzweise einschneiden und in einer Schüssel mit kochendem Wasser übergießen. Nach ca. einer Minute das Wasser abgießen, die Tomaten enthäuten, entkernen und in kleine Stückchen schneiden.

2. Reis nach Packungsanweisung kochen.

3. Öl in einer Pfanne erhitzen und das Hackfleisch darin gut anbraten.

4. Die Tomatenstückchen hinzufügen und etwas einkochen lassen.

5. Noch etwas Wasser hinzugießen (je nachdem, wie flüssig Sie die Soße haben möchten) und mit den Gewürzen abschmecken.

Abendessen

Eine warme Mahlzeit am Tag ist für Ihr Kind ausreichend. Wenn Ihr Kind also am Mittag eine vollwertige warme Mahlzeit bekommt, so ist am Abend eine Brotmahlzeit vollkommen in Ordnung. Wichtiger als die Entscheidung für oder wider warm und kalt ist, dass die Mahlzeit ausgewogen und nicht zu schwer ist. Beobachten Sie Ihr Kind, lassen Sie es ruhig auch ein bisschen probieren, was ihm schmeckt.

Gehen Sie auch hier bei der Einführung behutsam Schritt für Schritt vor: Am Anfang gibt es nur jeden zweiten Tag eine Brotmahlzeit, sonst wie bisher Milch-Getreide-Brei.

Brotmahlzeit

Ab 11. Monat
Zubereitungszeit: 5 Minuten

Zutaten für 1 Portion:
1 Scheibe Vollkornbrot
20 g Frischkäse oder 5 g Butter
50 g Obst oder Gemüse, 150 ml Milch

Zubereitung:

1. Nehmen Sie eine frische Scheibe Vollkornbrot und bestreichen Sie diese mit Frischkäse oder Butter. Um Ihrem Kind das Essen zu erleichtern, schneiden Sie das Brot in kleine Stückchen oder Streifen. So kann es sich selbst bedienen.

2. Frisches Obst oder Gemüse gründlich waschen, putzen und in mundgerechte Stücke schneiden oder reiben.

3. Ein Becher Milch oder Tee ergänzt das Abendbrot sehr gut.

Brot: Als Alternative zu Vollkornbrot können Sie Ihrem Kind auch ein Vollkornbrötchen anbieten. Baguette und Laugenbrezel wird Ihr Kind sicher schnell mögen, weil sich beide leicht kauen lassen und herrlich schmecken. Doch sollten diese maximal einmal die Woche auf dem Speiseplan stehen, da Vollkornprodukte einfach gesünder sind und mehr sättigen. Wenn Sie Ihrem Kind eine Brezel geben, entfernen Sie auf alle Fälle vorher die Salzkörner.

Aufstrich: Neben Frischkäseaufstrich können Sie auch die vielfältigsten Käsesorten probieren, egal ob am Stück oder geschnitten. Der Käse sollte mild sein und vor dem Servieren von der Rinde befreit werden. Schmelzkäse ist aufgrund des hohen Salz-Gehaltes für Ihr Kind tabu. Ein Käsebrot können Sie mit ein paar frischen Kräutern verfeinern.

Für Süßmäuler können Sie am Abend auch ein Brot mit Butter und Bananenscheibchen vorbereiten. Denken Sie daran: Honig ist bis zur Vollendung des ersten Lebensjahres absolut verboten. Nuss-Nugat-Creme und Konfitüre sind wegen ihres hohen Zuckergehaltes leider auch nicht optimal.

Wurst: In der größten Hungersnot schmeckt die Wurst auch ohne Brot! Ein Sprichwort, dem Ihr Kind sicher sehr schnell zustimmen wird. Doch auch hier ist das Maß ausschlaggebend. Ab und zu ein Scheibchen Wurst schadet nicht, denn schließlich enthält sie auch Eiweiß, Zink und Eisen. Legen Sie eine dünne Scheibe auf das Brot. Empfehlenswert ist z. B. Gelbwurst, da sie wenig Salz enthält und nicht gepökelt ist. Fragen Sie beim Metzger Ihres Vertrauens nach weiteren ungepökelten Wurstsorten.

Obst und Gemüse: Wenn Ihr Kind ein Obstmuffel ist, können Sie auch Alternativen probieren: Pressen Sie eine Obstportion (z. B. Apfel oder Orange) aus und servieren Sie diese als Saft. Oder stechen Sie kleine Herzen, Monde oder Sterne aus frischem Obst und Gemüse aus. Plätzchen-Ausstecher aus der Weihnachtszeit sind dafür bestens geeignet.

Getränk: Neben Wasser können Sie auch ab und zu einen Becher Tee servieren – warm oder kalt. Machen Sie den Tee aber nicht zu stark. Kaufen Sie nicht extra Kinder- oder Instant-Tee: Diese beinhalten oftmals zu viel Zucker.

Der erste Geburtstag

Ein Geburtstag ohne Kuchen ist wie Weihnachten ohne Baum. Um die „Sünde" für Ihr Kind und die anderen kleinen Gäste so klein wie möglich zu halten, ist dieser Kuchen die optimale Lösung. Wenn Sie ihn in einer originellen Form backen und mit Obst dekorieren, entsteht ein interessanter Hingucker. Wenn Sie eine Kastenform nutzen, können Sie den erkalteten Kuchen mit Puderzucker bestäuben und mit einer Geburtstags-Kerze dekorieren.

Vollkorn-Bananen-Kuchen

Ab 11. Monat
Zubereitungszeit: 10 Minuten
+ 60 Minuten Backzeit

Zutaten:
Für den Teig:
280 g Vollkorn-Dinkel-Mehl
½ Päckchen Backpulver
330 g reife Bananen
50 g Rohrzucker
1 Prise Salz
60 ml Rapsöl

Außerdem:
Fett und Mehl für die Form

Zubereitung:

1. Mehl und Backpulver sieben.
2. Bananen schälen und mit einer Gabel zerdrücken.
3. Backofen auf 180° C vorheizen.
4. Alle Zutaten in eine Schüssel geben und miteinander verrühren.
5. Teigmasse in die gefettete und eingemehlte Form geben. 60 Minuten lang backen.

Der Kuchen ist sehr schnell zubereitet und schmeckt wunderbar saftig. Je reifer die Bananen sind, desto süßer schmeckt der Kuchen.

Sonstiges

Allergien und Unverträglichkeiten

Im Gegensatz zu einer Infektion mit Keimen reagiert ein Kind auf jeden weiteren Kontakt mit dem auslösenden Stoff – dem Allergen – extrem empfindlich. Schon geringste Mengen des Allergens reichen für einen Allergieausbruch beim Kind. Ärzte nennen diesen Vorgang „Sensibilisierung". Eine Allergie kann verschiedene Organe und Gewebe betreffen.

Eine Allergie äußert sich bei Kindern oft als Hautausschlag, Heuschnupfen oder in Form von Durchfall und Bauchweh bis hin zu asthmatischen Beschwerden.

Je nach Entstehungsmechanismus unterscheidet man vier verschiedene Untergruppen (Typ I bis IV). Ein anderes Kriterium ist die Zeit, die bis zum Eintritt der allergischen Reaktion vergeht. Beim „Soforttyp" setzt die Reaktion wenige Sekunden, nachdem das Kind mit dem Allergen in Kontakt geraten ist, ein, beim „Spättyp" können mehrere Tage vergehen.

Eine Allergie ist grundsätzlich in jedem Alter möglich. Babys und Kinder können bereits früh eine Allergie entwickeln. Die Ursache für eine überschießende Immunreaktion auf normalerweise harmlose Stoffe bei Babys und Kindern ist nicht bekannt.

Ein bekannter Risikofaktor steht allerdings fest: die Vererbung. So entwickeln Kinder, deren beide Elternteile Allergiker sind, mit einer Wahrscheinlichkeit von 50–80 % ebenfalls eine Allergie. Ist nur ein Elternteil betroffen, entwickelt der Nachwuchs in etwa 20–40 % der Fälle eine Allergie.

Stoffe und Substanzen, die bei Kindern und Babys eine Allergie auslösen, können chemischer, pflanzlicher oder tierischer Herkunft sein. Diese sind normalerweise weder für Kinder noch für Erwachsene schädlich. Dazu zählen unter anderem:
- Substanzen aus Pflanzenschutzmitteln oder Kosmetika
- Inhaltsstoffe von Medikamenten
- Zusatz- und Inhaltsstoffe in Lebensmitteln
- Pollen von Gräsern und Bäumen
- Insektengifte
- Tierhaut und -haare
- Sporen von Schimmelpilzen
- Hausstaubmilben

Eine Allergie hat nichts zu tun mit einer Infektion, die durch Bakterien, Viren oder andere Mikroorganismen verursacht wird. Es ist eine Überempfindlichkeitsreaktion des Körpers auf eigentlich völlig harmlose Stoffe.

Das können Sie tun, um vorzubeugen:

… als werdende Mutter:
- Informieren Sie sich vor Ihrer Schwangerschaft über das Allergierisiko in Ihrer Familie.

- Nehmen Sie Medikamente nur nach ausführlicher Rücksprache mit Ihrem Arzt.
- Rauchen Sie weder während noch nach der Schwangerschaft; auch Freunde und Verwandte sollten weder in Ihrer Gegenwart noch in der Ihres Kindes rauchen.
- Stillen Sie Ihr Kind. Stellen Sie sicher, dass in der Klinik keine Kuh- oder Sojamilch zugefüttert wird.
- Während der Stillzeit sollten Sie sich ausgewogen und nährstoffreich ernähren. Es gibt keinen Beleg dafür, dass der Verzicht auf bestimmte Lebensmittel Allergien beim Kind vorbeugen kann.

… wenn Ihr Kind bereits auf der Welt ist:
- Wenn jemand aus Ihrer Verwandtschaft an einer Allergie leidet, besitzt Ihr Kind ein erhöhtes Allergierisiko. Dann sollten Sie ganz besonders auf eine allergenarme Ernährung achten.
- Vor allem Säuglinge aus Allergikerfamilien sollten möglichst sechs Monate lang gestillt werden. Falls Sie das nicht können oder wollen, geben Sie Ihrem Kind sogenannte Hypoallergene Säuglingsnahrung. Sprechen Sie mit dem Kinderarzt über mögliche Alternativen!
- Ein Baby benötigt Zeit, um sich an neue Lebensmittel zu gewöhnen. Als problemlos gelten Kartoffeln, Möhren, Äpfel, Birnen, Bananen und Reis.
- Auch viele Fertigprodukte für Kinder enthalten allergene Bestandteile – selbst dann, wenn sie ohne Zusatz- und Konservierungsstoffe hergestellt wurden.
- Halten Sie möglichst kein Haustier.
- Böden, die man feucht wischen kann, sind in der Wohnung ideal. Überflüssige Staubfänger gilt es zu vermeiden.
- Kuscheltiere des Kindes sollten Sie regelmäßig waschen.

Unverträglichkeiten sind die häufigere Variante bei kleinen Kindern. Die Symptome können der einer Allergie ähneln. Um der Ursache auf den Grund zu gehen, führen Sie über einige Tage hinweg eine Liste darüber, wo sich Ihr Kind aufhält und was es zu sich nimmt. Das kann bei einer späteren Untersuchung mit entsprechenden Tests helfen. Häufige Unverträglichkeiten sind u. a.:

Kreuzallergie

Bei einer Kreuzallergie reagiert das Kind oder Baby auf einen bestimmten Stoff mit einer Unverträglichkeit, wenn es eine Allergie gegen einen anderen Stoff hat. Die Antikörper, die das Immunsystem gegen ein bestimmtes Allergen bildet, attackieren dann auch Stoffe, die dem Allergen ähnlich sind. Die bekanntesten Kreuzallergien sind:
- Latex mit Bananen, Walnüssen, Pfirsichen und Aprikosen
- Kuhmilch mit Ziegenmilch
- Kuhmilch mit Rindfleisch
- Kräuterpollen mit Sellerie, Artischocken, Sonnenblumenkernen und Paprika
- Gräser mit Getreide und Hülsenfrüchten wie Erbsen, Bohnen, Linsen und Sojabohnen

Zöliakie

Bei Zöliakie handelt es sich um eine wohl lebenslange Unverträglichkeit gegen „Gluten", die unbehandelt eine chronische Entzündung der Dünndarmschleimhaut verursacht. Das hat zur Folge, dass die lebensnotwendige Nährstoffaufname durch den Darm allmählich zerstört wird.

Gluten ist ein Klebereiweiß, das in fast allen bei uns üblichen Getreidesorten vorkommt, und zwar in:
- Weizen (und damit in Dinkel, Kamut, Emmer, Bulgur, Tricale)
- Roggen
- Gerste
- Hafer
- Grünkern (unreif geernteter Dinkel)

Die oben aufgeführten Getreidesorten besitzen einen Proteingehalt von etwa 7–15 %, der zu 90 % aus Gluten besteht. Gluten ist demnach ein Eiweißbestandteil und besteht aus Prolamin und Glutenin. Bei einer Zöliakie lösen die Prolamine die typische Entzündung im Darm aus. Da bei der Verarbeitung der Getreidesorten das Gluten dafür sorgt, dass der Teig elastisch bleibt und Flüssigkeit gebunden wird, wird es auch als „Klebereiweiß" bezeichnet.

Es existieren noch keine Medikamente oder medizinische Behandlungsmethoden, die eine Verträglichkeit des Glutens ermöglichen. Bemerkenswert ist, dass in China und Japan die Ernährung größtenteils aus Reis und Gemüse besteht und die Erkrankung dort so gut wie gar nicht bekannt ist.

Die Wahrscheinlichkeit der Vererbung liegt bei Verwandten 1. Grades bei etwa 10–15 %, wobei die meisten Verwandten Zöliakie-Betroffener keine typischen Symptome aufweisen, sondern sich nur die für Zöliakie charakteristischen Antikörper bei ihnen gebildet haben.

Laktose- bzw. Milchzucker-Intoleranz

Das Enzym Laktase spaltet Milchzucker (z. B. enthalten in Muttermilch) in Glukose und Galaktose auf. Fehlt dieses Enzym, so ist eine Milchzucker-Intoleranz die Folge. Sie äußert sich durch starke Blähungen, krampfartige Bauchschmerzen und Durchfall. Sollte sich bei Ihrem gestillten Baby eine Laktose-Intoleranz herausstellen, müssen Sie es leider abstillen und laktosefreie Fertigmilchnahrung füttern. Des Weiteren müssen Sie später laktosehaltige Nahrungsmittel wie z. B. Kuhmilch, Joghurt und Frischkäse vermeiden.

Neurodermitis/Atopisches Ekzem

Das atopische Ekzem ist eine chronische, nicht ansteckende Hautkrankheit. Der Begriff „Neurodermitis" stammt aus dem 19. Jahrhundert. Damals ging man davon aus, dass die Ursache der Hauterkrankung eine Nervenentzündung ist. Später wurde diese Ansicht widerlegt, der Begriff ist aber weiterhin verbreitet.

In ca. 1/3 der Fälle bezieht sich die Neurodermitis auf eine Lebensmittelunverträglichkeit, die durch aufwendiges Suchen im einen oder anderen Fall sogar erörtert werden und durch spezielle Diätmaßnahmen gebessert werden kann.

Hauptsymptome sind rote, schuppende, manchmal auch nässende Ekzeme auf der Haut und ein starker Juckreiz. Die Erkrankung verläuft schubweise und hat ein individuelles, vom Lebensalter abhängiges Erscheinungsbild.

Das atopische Ekzem gilt als nicht heilbar, ist aber behandelbar. Die Therapie besteht hauptsächlich aus der Behandlung der charakteristischen Hauttrockenheit und der äußerlichen Anwendung von entzündungshemmenden Wirkstoffen.

Mein Kind ist krank

Die ersten zwölf Monate seines Lebens stellen Ihr Baby vor große Aufgaben: Laufend fluten neue Eindrücke auf das Kleine ein. Solange es dabei nicht überfordert wird, saugt ein neugeborenes Kind alle Sinneserfahrungen begierig auf und lernt daraus.

Nicht anders verhält es sich, wenn Viren, Bakterien und Pilze die noch wenig erprobten Abwehrkräfte herausfordern. War Ihr Baby im Mutterleib vor diesen Attacken noch weitgehend geschützt, muss sein Körper nun lernen, sich dagegen zur Wehr zu setzen.

Die gute Nachricht: Ihr Baby besitzt gute Voraussetzungen, um mit den meisten Krankheitsverursachern selbst fertigzuwerden. Denn während der Schwangerschaft hat es durch Sie ein unschätzbares Startkapital erhalten: eine „Grundausstattung" mit wichtigen Abwehrstoffen. Man nennt sie „Nestschutz" oder „Leih-Immunität".

Weil Ihr Baby noch keinen eigenen Immunschutz aufgebaut hat, bleibt der Nestschutz in den ersten sechs bis neun Monaten wirksam und bewahrt es weitgehend vor zahlreichen Infekten wie etwa Erkältung oder Durchfall. Aber es gibt auch bakteriell verursachte Kinderkrankheiten wie Keuchhusten oder Scharlach, gegen die der Nestschutz wirkungslos ist. Insbesondere bei Säuglingen können gefährliche Komplikationen die Folge sein.

Die meisten Infektionen sind aber glücklicherweise harmlos. Und trotz aller Sorgen, die Sie sich in dieser Zeit um die Gesundheit Ihres Babys machen, haben diese Krankheiten auch etwas Gutes: Nach jedem Kontakt mit bisher unbekannten Viren wird das körpereigene Immunsystem die „feindlichen Angreifer" leichter erkennen und sich künftig besser zu wehren wissen.

Andere Krankheiten wiederum sind nicht so unproblematisch und auch kaum zu vermeiden. Sie können aber mit der Hilfe Ihrer Hebamme und des Kinderarztes viel dafür tun, dass es Ihrem Baby schon bald besser geht. Wehwehchen wie Fieber oder Schnupfen ziehen zwar schnell vorüber und lassen sich bei älteren Säuglingen recht gut selbst behandeln – grundsätzlich aber gilt:

> Mit Babys unter sechs Monaten gehen Sie immer dann zum Arzt, wenn Ihnen das Verhalten des Kindes seltsam vorkommt, wenn es nicht trinkt oder sehr viel weint. Säuglinge sind nicht in der Lage zu äußern, wo es wehtut oder was ihnen fehlt; im Zweifelsfall ist also fachliche Hilfe gefragt – und damit ist der erste Schritt auf dem Weg zur Heilung getan.

Das ist Ihre Aufgabe, wenn Ihr Kind krank ist:

● Liebe und Zuneigung
Was Babys vor allem brauchen, wenn sie krank sind, ist aufmerksame Zuwendung und eine liebevolle, ausgeglichene Atmosphäre.

● Temperaturkontrolle
Kommt Ihr Baby Ihnen krank oder „irgendwie komisch" vor, messen Sie gleich seine Körpertemperatur. Für den Kinderarzt sind diese Werte sehr aufschlussreich. Am besten und zuverlässigsten ist noch immer die Po-Messung, weil sie die Kerntemperatur des Körpers misst. Nutzen Sie dafür am besten flexible Kunststoff-Thermometer mit Digitalanzeige.

● Ruhe
Auch wenn ein wimmerndes oder schreiendes Kind Ihre Geduld hin und wieder auf die Probe stellen wird – bemühen Sie sich um Besonnenheit. Ebenso wichtig: Eine möglichst dezente Geräuschkulisse und gedämpftes Licht wirken beruhigend. Ihr Baby wird sich so sicherer fühlen und das Kranksein besser verkraften.

● Nähe
Stellen Sie das „Krankenlager" in Ihrer Nähe auf. Eine Wiege oder ein Stubenwagen leisten hier gute Dienste, selbst bei Säuglingen, die fast schon zu groß dafür sind. Gehen Sie immer wieder zu Ihrem Baby, streicheln Sie es und singen oder summen Sie ihm etwas vor. Eine weitere ideale Beruhigungsquelle ist die Mutterbrust. Legen Sie Ihr Baby an, auch wenn das eigentlich gar nicht mehr vorgesehen war. Das hilft ihm über die ersten schweren Tage hinweg. Im Übrigen ist Muttermilch leicht verdauliche Schonkost.

● Flüssigkeit
Kranke Babys brauchen besonders viel Wasser und ungesüßten Tee.

● Klima
Die Zimmertemperatur sollte nicht mehr als 18 °C betragen.

● Hygiene
Selbst schwache Babys empfinden eine Katzenwäsche mit lauwarmem Wasser als wohltuend. Danach immer gut abtrocknen.

● Frische Luft
Lüften Sie den Raum Ihres Kindes regelmäßig.

● Entspannung
Wenn Sie sich mit der Pflege überlastet fühlen, scheuen Sie sich nicht, Partner, Verwandte oder Freunde zu bitten, die Einkäufe zu erledigen oder Ihnen das Putzen abzunehmen.

Zahnpflege

Mit dem Schutz der Zähne kann nicht früh genug begonnen werden. Schon vor dem ersten Zahndurchbruch ist ein ausreichendes Mineralienangebot in Blut und Körperflüssigkeiten von entscheidender Bedeutung für die Bildung von widerstandsfähiger Zahnsubstanz. Um Mineralienmangel zu vermeiden, wird Kindern die regelmäßige Einnahme von Vitamin D-(und Fluorid-)Tabletten empfohlen. Fluorid ist notwendig zur Knochen- und Zahnbildung und wirkt der Zerstörung der Zähne durch Karies entgegen.

Mit dem Zähneputzen sollte unmittelbar nach dem Zahndurchbruch begonnen werden. Bei den Allerkleinsten reinigt man die Zähne am besten mit einem feuchten Wattestäbchen. Sind schon mehrere Zähne vorhanden, können diese mit einer Kinderzahnbürste geputzt werden. Zahnpasta ist übrigens in der ersten Zeit nicht notwendig. Zahnärzte empfehlen, die Zähne immer vom Zahnfleisch zur Zahnkrone hin zu putzen. Reinigen Sie zunächst alle Außenseiten der Zähne, dann die Innenseite der vorderen Zähne, die Kauflächen der Backenzähne und noch die Innenseiten der Backenzähne.

Sicherlich wird es nicht lange dauern und Ihr Kind will die Zahnbürste selbst halten. Lassen Sie es ruhig ein wenig damit herumspielen, sich im Spiegel beobachten oder den Zahnputzbecher ausschütten. Im spielerischen Umgang gewöhnen sich Kinder sehr schnell an die Zahnputz-Prozedur.

Noch wichtiger ist allerdings die Vorbildfunktion der Eltern. Ihr Kind wird Sie nachahmen und es mit der Zeit ganz selbstverständlich finden, dass nach dem Essen die Zähne geputzt werden.

Bei allem Spaß sollten Sie jedoch auf das Nachputzen bestehen, denn in den ersten Jahren fehlt Kindern das motorische Geschick, um alle Zahnputzbewegungen exakt auszuführen. Die meisten Kinder haben auch nichts mehr gegen das Nachputzen, wenn sie vorher ausreichend Zeit hatten, es selbst zu probieren.

Gehen Sie mit Ihrem Kind auch ruhig schon sehr früh und dann regelmäßig zum Zahnarzt. Da in der Regel noch keine Behandlungen notwendig sind, erlebt es die Atmosphäre dort sehr unbeschwert und gewinnt Vertrauen, das für eventuell später auftretende Zahnprobleme wichtig ist.

Zahnprobleme im Milchgebiss entstehen in erster Linie durch Zucker und Säuren. Wie Sie diesen Schaden so gering wie möglich halten, zeigen Ihnen die Ernährungsgrundlagen, die in diesem Buch beschrieben werden.

Übrigens können auch Sie Karies an Ihr Kind weitergeben. Ein von Ihnen abgeleckter Kinderlöffel oder Schnuller kann die Bakterien aus Ihrem Mund leicht an Ihr Baby übertragen.

Gesunde Milchzähne sind für die etwa ab dem 6. Lebensjahr entstehenden „Erwachsenenzähne" sehr wichtig. Geben Sie dem Karies also keine Chance und schenken Sie Ihrem Kind ein strahlendes und gesundes Lächeln.

Vitamine, Mineralstoffe und Spurenelemente

Sie sind ganz besonders während der Schwangerschaft, für stillende Mütter und für das Baby wichtig. Sollten Sie ein gewisses „Unwohlsein" ohne rechte Erklärung empfinden, können Sie bei den Mangelerscheinungen, die zutreffen zu scheinen, nachlesen und gegebenenfalls durch eine entsprechende Vitamin-, Mineralstoff- bzw. Spurenelement-Zufuhr Ihr Unwohlsein beheben.

Vitamine sind lebensnotwendige Stoffe, die unser Körper täglich benötigt. Die meisten kann er nicht selbst produzieren oder ist nur unter bestimmten Voraussetzungen dazu in der Lage. Für die Versorgung mit Vitaminen ist der Körper auf vitaminreiche Nahrung angewiesen. Von großer Bedeutung für ein gesundes Immunsystem sind Vitamin C und Beta-Karotin. Der Vitaminverlust bei der Nahrungszubereitung liegt bei ca. 20 %. Die Aufnahme in den Körper ist vom Fettgehalt der Nahrung abhängig.

Mineralstoffe sind anorganische Verbindungen, meistens Salze, mit denen der Organismus über die Nahrung versorgt werden muss. Sie dienen als Bau-, Wirk- und Reglerstoffe. Mehrere Mineralstoffe sind Coenzyme und somit elementar an Stoffwechselvorgängen beteiligt.

Spurenelemente gehören zu den Mineralstoffen. Sie sind aber nur in kleinsten Mengen in unserem Körper vorhanden. Einige Spurenelemente sind lebensnotwendig und müssen über die Nahrung zugeführt werden. Einige Spurenelemente sind Bestandteile von Enzymen. Zahlreiche Spurenelemente entfalten bei überhöhter Aufnahme eine toxische Wirkung.

	Vitamin	Quellen
fettlöslich	A (Retinol)	Milch und Milchprodukte, Eidotter; als Provitamin A in pflanzlichen Lebensmitteln Karotten, Spinat, Kürbis, Paprika, Aprikose
	D (Calciferol)	Lebertran, fetter Seefisch, Eigelb, Milch und Milchprodukte, Rinderleber
	E (Tocopherol)	Pflanzenöl und Margarine, Avocados, Mandeln, Haselnüsse, Vollkornprodukte, Butter Eigelb und in geringen Mengen in Gemüse
	K (Phyllochinon)	Petersilie, Blattspinat, Sauerkraut, Blumen- und Rosenkohl, Kalbsleber
wasserlöslich	B_1 (Thiamin)	Vollkornprodukte, Samen, Nüsse, Hülsenfrüchte, Hefe, Schweinefleisch, Leber und Kartoffeln; in geringer Konzentration in Obst, Gemüse und Milchprodukten
	B_2 (Riboflavin)	Milch und Milchprodukte, Leber, Fleisch und Fisch
	B_3 (Niacin, Nicotinsäure)	Hefe, Vollkornprodukte, Pilze, Erdnüsse, Mandeln, Fleisch und Innereien
	B_5 (Pantothensäure)	In allen Lebensmitteln enthalten; besonders hohe Konzentrationen in Leber, Hefe, Weizenkleie, Eidotter, Fleisch
	B_6 (Pyridoxin)	Fleisch, Innereien, Fisch, Milchprodukte, Hefe, Kartoffeln, Getreide, Nüsse, Obst und Gemüse
	B_7 Biotin (Vitamin H)	Leber, Vollmilch, Hering, Bananen, Erdbeeren, Hühnerei, Tomaten, Erbsen
	B_9 Folsäure (Vitamin M)	Leber, Spinat, Weichkäse, Roggenvollkornmehl, Weißkohl, Apfelsinen
	B_{12} (Cobalamin)	Fleisch, Innereien, Fisch, Milch, Eier, Sauerkraut, Sanddorn
	Beta-Karotin	Möhren, Zwiebel, Spinat, Honigmelone, Mangold
	C (Ascorbinsäure)	Zitrusfrüchte, Johannisbeeren, Kartoffeln, Paprika, Tomaten, Kohl, Spinat, Rettich

Funktionen	Mangelerscheinungen/Symptome
Wichtig für: Sehen, Wachstum, Bildung von Haut und Schleimhäuten, Entwicklung der Plazenta und des Embryos, Fortpflanzung und Herstellung des Hormons Testosteron, körpereigenes Abwehrsystem.	Wachstumsstillstand, Nachtblindheit, Austrocknung und Verhornung von Bindehaut und Schleimhäuten
Regelt Kalzium- und Phosphathaushalt sowie Knochenaufbau, fördert Kalziumaufnahme.	Rachitis bei Kindern und Osteomalazie bei Erwachsenen (Knochenverkrümmung und -erweichung)
Schützt ungesättigte Fettsäuren, Enzyme, Vitamin A, Proteine und Zellkerneiweiß vor Zerstörung durch Sauerstoff. Stärkt das Immunsystem. Wichtiger Bestandteil der Arteriosklerosevorbeugung.	Konzentrationsschwäche, Muskelschwäche, höhere Infektanfälligkeit
Erforderliches Coenzym für Bildung der Blutgerinnungsfaktoren; zusammen mit Proteinen, Kalzium und Vitamin D beeinflusst Vitamin K auch die Knochenbildung.	Verminderte Blutgerinnung
Unentbehrlich für Kohlenhydratstoffwechsel, beteiligt am Neurotransmitterstoffwechsel, beeinflusst die Erregungsübertragung von Nerven auf Muskeln.	Muskel- und Nervenstörungen, Müdigkeit, Muskelschwund, Gewichtsverlust, Herzbeschwerden bei geringsten Anstrengungen, Reizbarkeit, Ödeme
Ist für die Funktion von rund 60 (Co-)Enzymen von Bedeutung. Es hat Anteil an vielen Stoffwechselprozessen.	Wachstumsstörungen, Sehstörungen, neurologische Störungen, Blutarmut. Zeichen eines Mangels können Schlaffheit, Risse in den Mundwinkeln, Hautprobleme und Zahnfleischentzündungen sein.
Zuständig für Auf- und Abbau von Fett, Eiweiß und Kohlenhydraten sowie für die Bildung von Neurotransmittern. Kann vom Körper selbst aus Aminosäuren (Eiweißbaustoff) hergestellt werden.	Haut- und Schleimhautentzündungen, raue Haut und Pigmentstörungen, Kopfschmerzen, Nervenstörungen, Zittern, Schlafstörungen
Beteiligt an Reaktionen von Enzymen in Stoffwechselvorgängen, an der Energiegewinnung im Zellstoffwechsel, am Abbau von Kohlenhydraten, Fetten und einigen Aminosäuren.	Bei Unterernährung kommt es zu Überempfindlichkeit der Haut, Wachstums-, Reflex- und Gleichgewichtsstörungen
Rohstoff für die Bildung von Coenzymen, die an Stoffwechselvorgängen wie Auf-, Um- und Abbau von Aminosäuren im Eiweißstoffwechsel im Körper beteiligt sind. Zuständig für Fettstoffwechsel, Bildung von Neurotransmittern. Wirkt gegen Schwangerschaftserbrechen.	Haut- und Schleimhautentzündungen; Störungen des Nervensystems: Verwirrtheit, Konzentrationsstörungen, depressive Stimmungen und Krämpfe, Appetitlosigkeit, Durchfall und Erbrechen
Wichtig für Wachstum von Haut und Haaren; Biotin fungiert beim Stoffwechsel der Fette, Kohlenhydrate und Eiweiße als sogenanntes Coenzym; wichtig für Wachstum und die Lebensdauer der Blutzellen, des Nervengewebes und der Talgdrüsen.	Haut- und Schleimhautentzündungen, Übelkeit, Haarausfall und brüchige Nägel, erhöhte Cholesterinkonzentration im Blutserum, Störungen der Herzfunktion, Blutarmut (Anämie), Depressionen
Beteiligt an Zellteilung und Zellentwicklung, an der Bildung der DNA, der Blutbildung, dem Eiweiß- und Fettstoffwechsel.	Folsäuremangel bei der werdenden Mutter kann zu Neuralrohrdefekten beim Baby führen.
Aufbau der Zellkernsubstanz, Bildung von roten Blutkörperchen. Enthält das Spurenelement Kobalt.	Blutarmut, Müdigkeit, Zungenbrennen, Gleichgewichtsstörungen, Lähmungserscheinungen, Verwirrung, Gedächtnisschwäche und Depression
Schützt vor freien Radikalen, reduziert Krebsrisiko, schützt die Haut.	Herzinfarkt-Risiko steigt
Unterstützung des Immunsystems, Beteiligung an der Eisenverwertung im Körper. Obst- und Gemüseschale ist Hauptspeicherort des Vitamin C.	Zahnfleischbluten, Müdigkeit, Gelenk- und Kopfschmerzen, schlechte Wundheilung, Appetitlosigkeit, Skorbut, Leistungsschwäche

Sonstiges

Mineralstoff und Spurenelement	Quellen
Chlor (Chloridionen)	Salz, Milch, Eier, Gemüse, Nüsse, Obst
Chrom	Hefe, Pfeffer, Rindfleisch, Eigelb, Weizenkeime, Käse, Artischocken, Petersilie
Eisen	Fleisch, Getreide, Kohl, Nüsse, Eigelb, Leber, Hülsenfrüchte, Schwarzwurzel. Im Fleisch enthaltenes Eisen wird vom Körper am besten aufgenommen. Die Eisenaufnahme aus Pflanzen kann durch Vitamin C unterstützt werden.
Fluor	Fisch, Innereien, Walnüsse, schwarzer Tee, Mineralwasser aus fluoridreichen Gegenden
Jod	Seefische liefern als einzige natürliche Quelle ausreichend Jod zur Deckung des täglichen Bedarfs. Weitere nennenswerte Jodlieferanten sind Eier und Milch. Speisen sollten mit Jodsalz gewürzt werden, um eine Minimalversorgung zu sichern.
Kalium	Getreide und Gemüse (z. B. Kartoffeln, Spinat, Salat, Petersilie), Nüsse, Früchte (z. B. Avocados, Feigen, Honigmelonen, Trockenobst, Bananen, Aprikosen, Pfirsiche, Trauben). 100 Gramm Banane enthalten rund 400 Milligramm Kalium.
Kalzium	Milch und Milchprodukte, Vollkornerzeugnisse, Grünkohl, Mandeln, Möhren, Sesamsamen und Kokosnüsse
Kupfer	Innereien, Fische und Schalentiere, Nüsse, Kakao, Bohnen, Erbsen, Pilze, Basilikum, Majoran, Muskat und Pfeffer
Magnesium	Kakao, Vollkornprodukte (Getreide, Reis), Tee, Nüsse, weiße Bohnen, Bananen, Mineralwasser
Mangan	Getreideprodukte (Haferflocken, Weizenkeime), grünes Blattgemüse (Spinat), Hülsenfrüchte, Ananas, Blaubeeren, Bananen, Nüsse
Molybdän	Getreide, Hülsenfrüchte, Milch und Milchprodukte, Rotkohl, Kartoffeln, Eier und Innereien. Der Molybdän-Gehalt pflanzlicher Nahrungsmittel hängt von den Bodenverhältnissen ab.
Natrium	Mineralwasser, Salz
Phosphor	Milch, Fleisch, Eier, Vollkornprodukte, Nüsse
Selen	Muskelfleisch, Seefische, Eier, Leber, Getreide und Paranüsse
Silizium	Kartoffeln, Weizen, Petersilie, Blumenkohl, Möhren, Tomaten, Bier, Kieselerde
Zink	Austern, Leber, Hartkäse, Vollkorngetreide, Cashew- und Paranüsse, Haferflocken, Kakao

Funktionen	Mangelerscheinungen/Symptome
Notwendig zur Produktion von Magensäure. Mit Natrium zusammen reguliert es den osmotischen Druck der Körperflüssigkeiten.	Störungen im Säure-Basen-Haushalt des Körpers, flache Atmung, Krämpfe, Herzfunktionsstörungen, Wachstumsstörungen oder Muskelschwäche
Chrom ist essenzieller Bestandteil des Kohlenhydratstoffwechsels. Es verbessert maßgeblich die Insulinwirkung.	Erhöhte Blutzuckerwerte, übermäßiger Harndrang, Durst, Müdigkeit und Infektanfälligkeit
Spielt bei der Blutbildung eine wichtige Rolle. Am Transport des Sauerstoffs im Körper beteiligt und wirkt bei Stoffwechselvorgängen mit. Für die optimale Entwicklung des Gehirns unentbehrlich.	Muskelschwäche, Blässe, Anämie, Müdigkeit sowie eine spürbare Leistungsminderung
Härtung von Knochen und Zähnen, Hemmung der Enzyme von Mundbakterien	Zahnschäden, Karies
Baustein für die Bildung von Schilddrüsenhormonen. Diese sind am Stoffwechsel von Eiweißen, Kohlenhydraten und Fetten sowie an der Steuerung der Regulation der Körpertemperatur beteiligt. Schilddrüsenhormone beeinflussen des Weiteren die körperliche und geistige Entwicklung, das Wachstum, die Leistungsfähigkeit und die Psyche.	Unterfunktion der Schilddrüse mit den Symptomen Müdigkeit, Antriebsarmut, Wachstums- und Entwicklungsstörungen bei Kindern, gesteigertes Schlafbedürfnis, Konzentrationsstörungen, Kälteempfindlichkeit, Gewichtsschwankungen und Kropfbildung
Regulierung des Wasserhaushalts der Zellen, entwässernde Wirkung, aktiviert Enzyme im Kohlenhydratstoffwechsel und Proteinaufbau. Zuständig für die Reizleitung der Nerven und Muskeln (v. a. Herzmuskel).	Muskelschwäche, gestörte Herztätigkeit, Antriebsschwäche, Durchfall, Müdigkeit, Kopfschmerzen, Übelkeit, Krämpfe, Herzrhythmusstörungen, Kreislaufprobleme, Nierenfunktionsstörungen
Aufbau des Skeletts und des Gebisses. Übertragung von Nervenimpulsen zu den Muskeln, Blutgerinnung, Stoffwechselvorgänge. Eine vorbeugende Einnahme von Kalzium verringert möglicherweise die Symptome einer Sonnenallergie.	Krämpfe und Zittern der Muskeln, Skelettverformung, leicht brechende Knochen und verminderte Blutgerinnung
Stoffwechsel, Blutbildung, Eisenverwertung, Immunsystem	Appetitlosigkeit, Gewichtsverlust, Pigmentstörungen, Funktionsstörungen des zentralen Nervensystems und des Immunsystems
Coenzym für über 300 Enzyme. Beteiligt am Stoffwechsel von Kohlenhydraten, Eiweißen und Fetten sowie der Erregungsleitung des Nervensystems, der Steuerung der Muskelarbeit, Herstellung von Nukleinsäuren, Energiebereitstellung sowie dem Knochenaufbau	Krämpfe, Reizbarkeit, Konzentrationsstörungen, Herzrhythmusstörungen, Magen-Darm-Probleme
Bestandteil und Aktivator wichtiger Enzyme beim Aufbau des Bindegewebes und bei der Eiweiß-, Fett-, Insulin- und Melaninsynthese	Störungen im Skelettwachstum, gestörte Insulinbildung, Unfruchtbarkeit
Harnsäurestoffwechsel, Energiegewinnung, Einlagerung von Fluorid	Verminderter antioxidativer Schutz durch geringere Harnsäurekonzentration
Regulierung des Wasserhaushalts, Beeinflussung des Blutdrucks, sorgt für das Gleichgewicht im Säure-Basen-Haushalt, beteiligt am Transport von Nervenreizen und an der Muskelentspannung	Übelkeit, Krämpfe, Ermüdungserscheinungen der Muskulatur, Hautspannungen, Kreislaufversagen
Skelett- und Zahnbaustein, Zellbaustein, Energiegewinnung und -verwertung	Muskelschwäche, Knochenleiden
Aktivierung der Schilddrüsenhormone, Zellschutz durch antioxidative Wirkung gegen freie Radikale, Entgiftung durch Ausleitung von Schwermetallen	Erhöhte Anfälligkeit gegen bakterielle Infektionen; bei extremem Selenmangel: Erkrankungen des Herzmuskels, Rückbildung von Gelenkknorpeln
Strukturgebendes Element für Knorpel, Haut und Bindegewebe, Element der knochenbildenden Zellen	Brüchige Nägel, Haarausfall, gestörte Kollagenbildung, sinkende Elastizität der Haut und der Blutgefäßwände
Beteiligt an Synthese von DNS, RNS und der Insulinspeicherung und am Stoffwechsel von Kohlenhydraten, Proteinen sowie Lipiden; Bestandteil des Stoffwechsels der Neurotransmitter und von Wachstums-, Schilddrüsen- und Sexualhormonen	Hautprobleme, erhöhte Infektanfälligkeit, verzögerte Wundheilung, beeinträchtigte Sinneswahrnehmungen, Antriebsschwäche, Konzentrationsstörungen

Glossar

Allergie
Unter einer Allergie versteht man eine Überreaktion des Immunsystems gegenüber einem oder mehreren Stoffen (sogenannte Allergene), die erst nach wiederholtem Kontakt mit diesen entsteht. Die Allergene sind z. B. Substanzen, die körperfremdes Eiweiß enthalten (Hühnerei, Kuhmilch, Fisch oder Nüsse). Siehe Seite 134–135.

Aromastoffe
Es gibt natürliche, naturidentische und künstliche Aromen. Je öfter wir Lebensmittel mit Aromastoffen essen, desto mehr stellen sich die Geschmacksnerven darauf ein und finden plötzlich normales Essen fade. Aromastoffe sind oftmals vorzufinden in Cerealien, Joghurt, Saft oder Tee.

Bioaktivstoffe
Sie kommen in Gemüse, Obst, Getreide, Tee und Gewürzen vor und ähneln in ihrer Wirkung den Vitaminen. Dazu gehören auch die sekundären Pflanzenstoffe, die schon in winzigen Mengen die Verdauung des Menschen fördern sowie gegen Bakterien und Viren wirken. Außerdem können sie Entzündungen lindern, den Cholesterinspiegel senken und den Blutdruck beeinflussen.

Bio-Produkte
Ein Produkt, das die Bezeichnung „Bio" bzw. das Bio-Siegel trägt, wurde nach den strengen Richtlinien der EU-Öko-Verordung erzeugt. Es bedeutet u. a., dass Tiere artgerecht gehalten werden und auf die Anwendung von Dünge- und Pflanzenschutzmitteln weitreichend verzichtet wird. Kunstbegriffe wie „naturnah" oder „alternative Haltung" sind nicht geschützt. Siehe Seite 32–33.

Bisphenol A
Es ist eine Kunststoff-Chemikalie. Wegen möglicher Gesundheitsgefahren wurde die Industrie dazu aufgefordert, Bisphenol A aus Babyflaschen und Lebensmitteldosen zu entfernen. Es bestehe der Verdacht, dass es auch in geringeren Konzentrationen als bisher angenommen schädlich wirkt. Es wirke wie das Hormon Östrogen und könne eine vergrößerte Prostata, eine verringerte Spermienkonzentration oder verfrühte Pubertät hervorrufen. Die Gefahren für den Menschen sind noch nicht abschließend nachgewiesen.

BMI
Der Body Mass Index stellt das Körpergewicht im Verhältnis zur Größe dar. Da Babys schnell wachsen und sich auch die Körperfettmasse unterschiedlich entwickelt, gibt es für sie eine andere BMI-Auswertung als für Erwachsene. Im Internet finden Sie entsprechende Rechner und Tabellen. Allerdings sehen Sie selbst, ob Ihr Baby über- oder untergewichtig ist. Zudem gehen Sie regelmäßig mit Ihrem Nachwuchs zu den Vorsorgeuntersuchungen beim Kinderarzt. Er wird die Entwicklung Ihres Kindes genau kontrollieren.

Darmflora
Als Darmflora wird die Gesamtheit aller Mikroorganismen bezeichnet, die den Darm besiedeln. Zum Großteil handelt es sich dabei um Bakterien. Aufgabe der Bakterien im Darm ist es, Nahrung zu verdauen, lebenswichtige Stoffe zu produzieren und Krankheitserreger zu bekämpfen. Eine ballaststoff- und milchreiche Ernährung unterstützt eine gesunde Darmflora.

Eiweiß
Es gehört zu den drei energieliefernden Ernährungsbausteinen (außerdem: Fett und Kohlenhydrate). Eiweiß ist in allen tierischen (z. B. Milch und Joghurt, Käse, mageres Fleisch) und – in kleinen Mengen – auch in pflanzlichen Produkten enthalten. Eiweiße sind unverzichtbar, da jede Körperzelle vorwiegend aus Eiweißen besteht. Zudem sind sie in großem Maße für die Funktion und Struktur des menschlichen Körpers verantwortlich.

Ernährungsberatung
Wenn Sie das Gefühl haben, noch offene Fragen rund um das Thema Ernährung Ihres Babys zu haben, weil es Unverträglichkeiten zeigt oder stark über- oder untergewichtig ist, so fragen Sie am besten den Kinderarzt oder die Krankenkasse nach einer Beratung. Diese wird im Einzelgespräch sowie in der Gruppe (manchmal mit Kostenübernahme) angeboten.

Fertigmilchnahrung
Das Ersatzprodukt für Muttermilch wird industriell hergestellt. Es gibt viele verschiedene Sorten: Anfangsnahrung (Pre), Dauermilch (1er), Folgemilch (2er), HA-Milch für allergiegefährdete Babys und Spezialnahrung für Kinder, die von einer Allergie betroffen sind. Siehe Seite 16–17.

Fett
Es gehört zu den drei energieliefernden Ernährungsbausteinen (außerdem: Eiweiß und Kohlenhydrate). Zum einen löst es fettlösliche Vitamine (deshalb geben Sie immer etwas Öl zum Gemüse-Brei) und zum anderen dient es als Energiereserve. Der Fettanteil sollte bei Ihrem Baby höher sein als bei Ihnen. Deshalb sollten Sie ihm stets Vollmilch- und keine Magerprodukte geben.

Fisch/Fleisch
Sie liefern wertvolles Eiweiß – einen der drei energieliefernden Ernährungsbausteinen. Fisch hat außerdem einen hohen Anteil an Fluor, Jod und Omega-3-Fettsäuren aufzuweisen. Fleisch liefert das für Ihr Baby ausgesprochen wichtige Eisen.

Fluorid
Fluorid ist ein Spurenelement und notwendig für die Knochen- und Zahnbildung. Es wirkt der Zerstörung der Zähne durch Karies entgegen. Fluoride finden sich vor allem im Trinkwasser, aber auch in Zahnpasta. Manche Kinderärzte raten zu Fluor als Zusatz in Vitamin-D-Tabletten. Allerdings ruft eine Fluorid-Überdosierung weiße Flecken auf den Zähnen hervor und das Skelett kann geschädigt werden. Siehe Seite 139.

Functional Food
Wurde bei einem Lebensmittel eine positive Wirkung auf den Körper durch eine Studie nachgewiesen, so bezeichnet man es als Functional Food. Um eine gesundheitsfördernde Wirkung zu erreichen, werden diese Produkte mit Zusatzstoffen versetzt. So finden sich beispielsweise Omega-3-Fettsäuren in Eiern, Kalzium im Müsli und probiotische Bakterien in Milchprodukten.

Glutamat
Der Geschmacksverstärker wird primär in Fertignahrungsmitteln und Würzmitteln eingesetzt. Er kann gesundheitsschädlich sein, deshalb sollten Sie unbedingt darauf achten, dass Ihr Baby im ersten Jahr keines aufnimmt.

Gluten
Gluten ist ein Eiweißbestandteil in Weizen, Roggen, Gerste, Grünkern sowie Hafer und besteht aus Prolamin und Glutenin. Da bei der Verarbeitung der Getreidesorten das Gluten dafür sorgt, dass der Teig elastisch bleibt und Flüssigkeit gebunden wird, wird es auch als Kleber oder Klebereiweiß bezeichnet. Einige Menschen haben eine Unverträglichkeit gegenüber Gluten. Diese nennt sich Zöliakie. Siehe Seite 135–136.

Hebamme
Hebammen sind Fachfrauen rund um Schwangerschaft, Geburt und die Zeit danach. Ihre Aufgabe ist die achtsame Betreuung vom Beginn der Schwangerschaft bis zum Ende der Stillzeit, um das zukünftige, gesundheitliche Wohlergehen von Mutter und Kind zu gewährleisten.

Hyperaktivität
ADHS (Aufmerksamkeitsdefizit-/Hyperaktivitäts-Syndrom) ist die häufigste psychiatrische Störung im Kindes- und Jugendalter. Das Kind wirkt überdreht, sitzt nicht still und leidet an Schlaf- oder Konzentrationsstörungen. Vitamine, Mineralstoffe, Spurenelemente und Aminosäuren spielen eine wichtige Rolle im Neurotransmittermetabolismus und können die psychische Befindlichkeit sowie kognitive Fähigkeiten erheblich beeinflussen. Deshalb kann auch ein Mangel an diesen Vitalstoffen oder eine allergische Reaktion auf Zucker, Phosphate, Farb- und Konservierungsstoffe eine ADHS begünstigen.

Immunsystem
In unserer Umwelt befindet sich eine Vielzahl an Bakterien, Viren, Pilzen und Parasiten, die teils lebensgefährliche Infektionen hervorrufen können. Um solche Infektionen zu verhindern oder zu bekämpfen, besitzt der Körper eine Immunabwehr. Das Immunsystem lässt sich durch gezielte Ernährung und ausreichende Bewegung günstig beeinflussen. Nährstoffmangel, Überernährung und Stress schwächen das Immunsystem.

Jod
Jod ist ein wichtiger Bestandteil der Schilddrüsenhormone, die viele Stoffwechselprozesse, u.a. Wachstum und Organentwicklung, regeln. Diese Hormone beeinflussen unter anderem die Teilung und das Wachstum von Zellen und aktivieren den Stoffwechsel. Des Weiteren stimulieren Schilddrüsenhormone die Wärmeproduktion und halten somit die Körpertemperatur konstant. Deutschland zählt, mit regionalen Unterschieden, zu den jodarmen Gebieten. Um gegen Jodmangel vorzubeugen, verwenden Sie am besten mit Jod angereichertes Kochsalz (ab dem 1. Lebensjahr).

Kohlenhydrate
Sie gehören zu den drei energieliefernden Ernährungsbausteinen (außerdem: Eiweiß und Fett). Sie sollten Kohlenhydrate Ihrem Baby in Form von stärkehaltigen Lebensmitteln wie z. B. Kartoffeln und Obst oder Vollkorn- (und nicht Weizenmehl-)produkten geben.

Laktose- bzw. Milchzucker-Intoleranz
Siehe Seite 136

Mineralstoffe
Siehe Seite 140, 142–143

Neurodermitis
Siehe Seite 136

Nitrat
Nitrat befindet sich im Grundwasser (siehe Seite 18) und im Gemüse. Der Nitratgehalt von Gemüse hängt besonders in der lichtarmen Jahreszeit deutlich von der Sorte und vom Anbauverfahren ab. Nitrat kann im Körper unter bestimmten Bedingungen in das für Babys giftige Nitrit umgewandelt werden und mit Eiweißstoffen in der Nahrung krebserzeugende Nitrosamine bilden. Sie können die Nitrat-Aufnahme deutlich reduzieren: Geben Sie Ihrem Baby nitratarmes Bio-Gemüse und eher selten nitratreiche Gemüsesorten wie z. B. Spinat oder Grünkohl. Nitratreiches Gemüse dürfen Sie für Ihr Baby nicht wieder aufwärmen, da sich der Nitratgehalt dadurch noch weiter erhöht.

Omega-3-Fettsäuren
Omega-3-Fettsäuren sind eine spezielle Gruppe innerhalb der ungesättigten Fettsäuren. Sie sind lebensnotwendig und können vom Körper nicht selbst hergestellt werden. Sie sind zum Beispiel in Kaltwasserfischen wie Lachs, Hering und Thunfisch, aber auch in pflanzlichen Fetten wie Rapsöl enthalten. Im Rahmen einer gesunden Ernährung sollte man darauf achten, möglichst ungesättigte Fettsäuren zu sich zu nehmen, da diese im Gegensatz zu gesättigten Fettsäuren im Körper wichtige Funktionen übernehmen. So schützen sie unter anderem das Herz.

Probiotisch
Siehe „Functional Food"

Salmonellen
Salmonellen sind Bakterien, von denen es rund 2500 verschiedene Arten gibt, die sehr unterschiedliche Störungen des Magen-Darm-Trakts verursachen können. Die häufigsten Salmonellen-Erkrankungen sind Brech-Durchfall, Typhus und Paratyphus. Bei Risikogruppen wie Säuglingen und Kleinkindern lösen Salmonellen schwere Erkrankungen aus. Achten Sie deshalb ganz besonders auf Hygiene bei der Zubereitung von Speisen und auf die Zubereitung frischer tierischer Lebensmittel.

Spurenelemente
Siehe Seite 140, 142–143

Stillberatung
Stillberaterinnen helfen Ihnen beim Stillen – vorher und währenddessen. Sie helfen Ihnen, Fragen und Befürchtungen aus dem Weg zu räumen bzw. genau zu erörtern und individuelle, auf Sie zugeschnittene Lösungen zu finden. Stillberaterinnen leiten auch oft Stillgruppen, bei denen Sie sich mit anderen stillenden Müttern austauschen können.

Vegetarische Ernährung
Die Ernährung ohne Fleisch- und Wurstprodukte ist bei einem Baby möglich, wenn Sie dem Baby dabei z. B. wichtige Spurenelemente wie Eisen durch bestimmte Getreidearten zuführen. Besprechen Sie dies mit dem Kinderarzt oder einer Ernährungsberaterin. Von einer veganen Ernährung ganz ohne tierische Produkte wie z. B. Milch ist bei einem Baby jedoch komplett abzuraten!

Vitamine
Siehe Seite 140–141

Zöliakie
Siehe „Gluten" und Seite 135–136

Register

Abendbrei 7, 33, 41, 44, 45, 81, 82, 83, 84, 86, 88, 90, 92, 94, 96, 98, 102
Abendessen 118, 128
abpumpen 15, 16
abstillen 21, 136
Abwehrkräfte 13, 137
Abwehrstoffe 12
Actinidin 35
Ahornsirup 122
Aidserkrankung 16
Alexander Lucas 35
Alkohol 13, 26
Allergen 134, 135
Allergie 12, 13, 17, 26, 41, 134, 135, 144
allergiegefährdet 26
Allergierisiko 33, 42
Amme 15
antibakteriell 29
Antikörper 13, 135, 136
Apfel 24, 35, 40, 42, 44, 49, 54, 56, 66, 76, 79, 82, 86, 90, 96, 106, 108, 129
Apfelmus 44
Aprikose 25, 35, 79
Aroma 33, 34, 36
Aromastoff 144
Ascorbinsäure 140
Asthma 13, 26
Atopisches Ekzem 136
Aufbewahrungsbehälter 20
Aufstrich 129
auftauen 16, 42, 67, 114, 124
auskochen 19
Babygeschirr 31
Babykeks 33
Babykostwärmer 32
Babylätzchen 30, 48
Bakterien 16, 19, 20, 29, 134, 137, 139, 144, 145, 146
Banane 24, 35, 42, 70, 79, 84, 125, 130, 142
Basilikum 126, 142
Bauchschmerzen 27, 42
Becher 27, 129
Beeren 25, 35, 124
Beikost 8, 17, 21
Beschädigung 19, 34
Beta-Karotin 12, 13, 140
Bio 32, 33, 38, 60, 83, 84, 144
Bio-Nahrung 32, 33
Bio-Produkt 144
Bio-Siegel 33, 38, 83, 144
Bioaktivstoff 106, 144
Biotin 140
Birne 24, 35, 42, 44, 58, 79, 94, 95, 103, 106, 110
Bisphenol A 15, 18, 31, 144
Blähungen 26, 42, 58, 68
Bleirohr 18, 27
Blumenkohl 25, 36, 68, 74, 142
BMI 144

Bohnen 26, 142
Botulismussporen 26
Braeburn 35
Brechdurchfall 16
Brokkoli 25, 36, 64, 72
Brot 25, 118, 128, 129
Brotmahlzeit 128
Brustwarze 14, 15
Buchstabennudeln 126
Butter 41, 121, 128, 129, 140
Café 32
Calciferol 140
Chlor 142
Chloridionen 142
Chrom 142
Cobalamin 140
Cocktailtomaten 37
Couscous 25, 39, 76, 112
Dampfsterilisator 19
Darm 12, 26, 143, 144, 146
Darmflora 144
Dauermilch 16, 17, 144
Dauernascher 118
Deckel 19, 20, 29, 31, 64, 78
Dehydrierung 16
Desinfizierung 20
Dinkelmehl 122
Dinkelwaffeln 122
Direktsaft 40, 49, 50, 52, 54, 60, 82, 94, 95, 96
Druckstellen 33
Durchfall 16, 26, 42, 134, 136, 137, 141, 143, 146
Durst 20, 143
einfrieren 29, 42, 43, 44, 45, 55, 57, 58, 66, 68, 72, 74
Eisen 40, 52, 102, 129, 142, 145, 146
Eiswürfelbehälter 29
Eiweiß 13, 17, 26, 35, 129, 140, 142, 144, 145, 146
elektrische Vaporisatoren 19
Elstar 35
entgiften 26, 41
Enzym 13, 35, 136, 140, 142
Erbrechen 26, 141
Erbsen 26, 142
Erdbeere 33, 35, 42, 92
Erdnüsse 26
Ernährungsberatung 144
Erstickungsgefahr 26, 124
erwärmen 16, 42, 88
Essgeschirr 32
Esslöffel 29
Fenchel 25, 27, 36, 66
Fertigmilchnahrung 16, 24, 144
Fett 13, 39, 124, 130, 140, 144, 145, 146
Figur 12, 27
Fingerfood 36, 78, 122
Fisch 25, 52, 140, 142, 144, 145
Fläschchen 18, 19, 20, 27, 31, 94, 96, 98
Flavorcrest 35

Fleisch 24, 25, 26, 29, 33, 38, 40, 42, 43, 49, 51, 52, 53, 54, 55, 57, 59, 61, 63, 64, 65, 67, 68, 69, 71, 72, 73, 75, 77, 79, 82, 140, 142, 144, 145, 146
Fleisch-Würfel 42
Fleischtomaten 37
Fluorid 18, 27, 139, 142, 145
Fluorid-Tabletten 139
Folgemilch 16, 17, 144
Folsäure 140
Freilandprodukt 33
frisch 8, 16, 33, 34, 36, 38, 42, 43
Frischkäse 128
Frühgeburt 13
Frühstück 25, 118, 124
Functional Food 145, 146
Gäbelchen 32
Gaumen 31
Gebärmutter 12
Geburt 12, 14, 15, 145
Gefrierfach 16, 72
Gefriergut 42
Gelbe Rübe 36
Gemüse 24, 25, 29, 33, 34, 36, 37, 38, 40, 41, 48, 50, 52, 55, 56, 57, 58, 60, 68, 70, 72, 74, 76, 78, 82, 118, 128, 129, 140, 142, 144, 145, 146
Gemüse-Kartoffel-Fleisch-Brei 25, 40, 46–79
Gemüsegarten 33
Gemüsesticks 78
Geschirrspüler 19
Geschmacksstoff 32
Getränk 27, 129
Getreide-Obst-Brei 25, 40, 100–115
Gewicht 14
Glas 8, 27, 31
Glasflasche 18
Glutamat 145
Gluten 135, 136, 145, 146
Golden Delicious 35
Grieß 39, 114
Gute Luise 35
HA-Nahrung 17, 82
Hackfleisch 17
Haferflocken 24, 39, 52, 56, 57, 96, 98, 108, 120, 124, 125, 142
Hagebutte 27
Hähnchenbrust 52, 54
Haltbarkeitsdatum 38
Handmilchpumpe 15
Hautausschlag 26, 134
Hebamme 8, 12, 14, 20, 21, 137, 145
Heuschnupfen 26, 134
Himbeere 35, 86
Hirnanhangdrüse 15
Hirse 24, 39, 52, 62, 103
Hirseflocken 24, 39, 74, 90, 98, 102, 103
Hokkaido 36, 60

Holz 29
Honig 26, 129
Honigmelone 35
Hühnerbrust 20
Hülsenfrucht 26, 140, 142
Hygiene 16, 138, 146
Hyperaktivität 145
Hypoallergene Säuglingsnahrung 17
Immunsystem 13, 20, 64, 135, 137, 140, 142, 145
Infektion 12, 13, 16, 20, 134, 137, 145
Inhaltsstoff 16
Intelligenz 12
Iris Rosso 35
Jod 142, 145
Johannisbeere 124, 140
Jonagold 35
Kaffee 13
Kalium 142
Kalt-Wasser-Sterilisation 19, 20
kaltgepresste Öle 26, 41
Kalzium 140, 142, 145
Kamille 27
Karies 27, 139, 143, 145
Karotte 36
Kartoffel 24, 25, 36, 40, 50, 52, 53, 54, 56, 58, 60, 66, 68, 72, 74, 140, 142, 146
Kasein 17
kauen 26, 39, 78, 118, 129
Keime 19, 42
keimfrei 20
Keks 42
Kieferdeformation 27
Kinderhochstuhl 31
Kindertee 27
Kiwi 25, 35, 42
Knollensellerie 24, 36, 62
Kochtopf 29
Kohlenhydrat 13, 17, 39, 140, 142 , 144, 145, 146
Kohlrabi 24, 36, 49, 54, 78
Kolostrum 12, 13
Kontaktbedürfnis 15
konventionell 32
krabbeln 20
Krämpfe 141, 143
Kräutertee 27
Kreuzallergie 135
Kreuzschlitz 31
Küchenhaushaltsrolle 31
Küchenmesser 29
Küchenwaage 29
kühl lagern 42
Kuhmilch 16, 17, 24, 26, 41, 82, 94, 102, 144
künstliche Süßstoffe 26
Kunststoffflasche 18, 31
Kunststofflöffel 29
Kupfer 142
Kürbis 24, 36, 49, 55, 60, 140
Laktose 17, 136, 146
Latex 19, 31, 135
Lätzchen 30

Lauch 26
LCP 17
Leber 26, 41, 140, 142
Leitung 18, 27
Leitungswasser 18
Lindenblüte 27
Linsen 26
Loch 19, 31
Löffelchen 30, 32, 48, 120
Löffelstreik 94
Luftröhre 26, 35, 124
Magen-Darm-Infektion 12
magenberuhigend 27
Magnesium 142
Maisgrieß 24, 39, 70, 92
Maiskeimöl 41, 54, 58, 68, 70
Maltodextrin 17
Mangan 142
Mangelerscheinung 140, 141, 143
Mango 25, 35, 98, 112
Massentierhaltung 32
Medikament 16, 21, 135, 136
Melamin 31
Melisse 27
Melone 24, 35, 42, 44, 90, 103
Messbecher 29
Messer 29, 60
Metalllöffel 30
Metzger 43, 129
Milchbildung 14
Milchdrüse 15
Milchfluss 15
Milchpumpe 15
Milchrückstände 19
Milchzähne 139
Milchzucker 17, 136, 146
Milchzucker-Intoleranz 136, 146
Mineralien 13, 78
Mineralstoffe 13, 83, 102, 140, 142, 146
Mineralstoffgehalt 17
Mittagessen 126
Mitternacht 18
Möhre 24, 36, 48, 49, 50, 52, 53, 54, 55, 56, 78, 96, 142
Möhrensaft 76, 96
Mohrrübe 36
Molybdän 142
Müsli 124, 145
Müslischale 31
Muttermilch 7, 11, 12, 13, 14, 15, 16, 17, 18, 20, 21, 24, 27, 136, 138, 144
Muttermilchbeutel 16
Nacht 12, 18, 42
Nahrungsrest 19
Natrium 18, 27, 142
Nektar 40
Nestschutz 137
Netzmelone 35
Neurodermitis 136, 146
Niacin 140
Nieren 17, 26
Nikotin 13
Nitrat 18, 27, 33, 146
Nuckelkind 27
Nudeln 25, 126

Nuss 26, 120, 129, 140, 142, 144
O-Beine 20
Obst 24, 25, 29, 32, 33, 34, 35, 36, 37, 38, 40, 42, 44, 45, 52, 70, 76, 79, 82, 102, 103, 105, 106, 107, 109, 111, 113, 115, 118, 128, 129, 130, 140, 142, 144, 146
Obst-Direktsaft 40
Obstmus 40, 42, 44, 45, 82, 83, 102
Obst schälen 29, 34, 86, 106
Obstsorte 44, 45
Obststicks 79
ökologisch 33
Omega-3-Fettsäuren 12, 145, 146
Orange 25, 35, 36, 42, 129
Oxytocin 12, 15
Pantothensäure 140
Parasit 16, 145
Pastinake 24, 36
Peroxid 26, 41
Pestizid 32
Pfefferminztee 58
Pfirsich 25, 35, 42, 79, 103, 106, 142
Pflanzenschutzmittel 41, 134, 144
Phosphor 142
Phyllochinon 140
Plastikschälchen 29, 50, 55
Polenta 39, 92
probiotisch 146
Prolaktin-Produktions-Hemmer 21
Protein 17, 140, 142
pürieren 29
Pürierstab 29
Putenbrust 58
Pyridoxin 140
Quark 26

Rachitis 20, 141
Rapsöl 24, 41, 48, 50, 52, 56, 57, 60, 62, 64, 66, 72, 74, 76, 78, 102, 103, 104, 106, 108, 110, 112, 114, 122, 127, 146
rauchen 26
Region 33
Reis 24, 39, 64, 98, 127, 142
Reisflocken 24, 39, 60, 86, 104
Reiswaffeln 24, 39, 110, 118
Reserven 12
Restaurant 32
Retinol 140
Riboflavin 140
rohe Eier 26
Rohmilch 26
Romanesco 25, 36, 76
rutschfest 31
Saftschorle 27
Salat 26, 142
Salatgurke 24, 36, 58
Salmonellen 26, 29, 146
Salz 26, 118, 129, 130, 142
sättigen 18
saugen 12, 14, 15, 49
Sauger 19, 20, 31, 94, 96, 98
Säuregehalt 35, 42
Schadstoff 26
Schälchen 31, 55
Schale 32, 34, 35, 36, 60, 79, 84, 106, 140
scharfe Gewürze 26
Schmelzflocken 24, 39, 82, 83, 94
Schnabelfläschchen 27
Schneidbrett 29
Schnuller 20, 139
Schnullerersatz 27
Schorle 40
Schoß 27, 31

Schutz 12, 139, 143
Schwangerschaft 13, 26, 140, 145
Schweinelende 64
Selen 142
Silikon 19, 31
Silikonkautschuk 31
Silizium 142
Sojamilch 16, 135
Sommer 20, 29
Spargel 25, 36, 72
Sparschäler 29, 48, 50, 52, 54, 56, 58, 70, 72, 74, 78
Spülmittel 19
Spurenelement 13, 140, 142, 145, 146
Standmixer 29
Stärke 17, 36
sterilisieren 16, 19, 20, 31
Stillberaterin 12, 21
Stillberatung 146
Stilleinlage 14
stillen 12, 13, 14, 15, 16, 17, 18, 20, 21, 26, 48, 52, 82, 135, 146
Stillkinder 94
Stillkissen 14
Stillposition 14
stimulieren 14, 145
Stoffwechsel 17, 140, 142, 145
Strauchtomate 37
Stuhl 31
tabu 26, 42, 129
Tafelspitz 68
Teelöffel 29, 31, 43, 49, 58
Tellerchen 79
Temperatur 19, 94
Temperaturkontrolle 138
Thiamin 140
Tischhochstuhl 31
Tocopherol 140

Tomate 25, 37, 126, 127, 140, 142
Topf 19, 29
Treibhaus 33
Trichter 15
trinkfaul 19
Tüte 29
überaromatisiert 124
Überfütterung 17, 19
Übergewicht 12
Umwelt 16, 33, 145
unhygienisch 29
Unruhe 27
unterwegs 15, 19, 27, 32, 42, 106, 110, 118
Unverträglichkeit 41, 44, 50, 134, 144
vegetarisch 42, 43, 146
Verdauungstrakt 13
Verfärbung 18, 31, 84
Vergiftung 26
verschlucken 26, 29
verstopft 19
Viren 16, 134, 137, 144, 145
Vitamin 13, 20, 33, 36, 39, 40, 41, 52, 64, 78, 102, 139, 140, 142, 145, 144, 146
Vitamin A 36, 140, 141
Vitamin B_1 141
Vitamin B_2 141
Vitamin B_3 141
Vitamin B_5 141
Vitamin B_6 141
Vitamin B_7 141
Vitamin B_9 141
Vitamin B_{12} 141
Vitamin C 40, 52, 140, 141, 142
Vitamin D 20, 139, 140, 141
Vitamin E 13, 141
Vitamin H 140
Vitamin K 140, 141
Vitamin M 140
Vollkorn-Dinkel-Mehl 121, 130

Vollkornbrot 118, 128, 129
Vollmilch 41, 145
Milch-Getreide-Brei 25, 40, 80–99
Vormilch 12
Vorrat 18, 42, 43, 44, 45, 50, 53, 108
Wange 14
Warzenvorhof 14
Waschbarkeit 30
Wasserbad 42
Weltgesundheitsbehörde 21
Williams Christ 35
Windel 14
Wirbelsäule 20
Wollwachs 14
wund 14, 42
Wurst 129
Zähne 139, 145
Zahnfehlstellung 27
Zahnpflege 139
Zink 129, 142
Zitrusfrucht 42, 140
Zöliakie 39, 135, 136, 145, 146
Zucchini 25, 36, 70, 74, 78
Zucker 17, 27, 39, 118, 124, 126, 129, 139, 145
Zuckermelone 35
Zusatznahrung 17
Zusatzstoff 32
Zutatencheck 33
Zwieback 24, 39, 88, 106
Zwiebel 26
Zwillinge 15
Zwischenmahlzeit 25, 78, 118

© 2010 design cat GmbH

Genehmigte Lizenzausgabe
EDITION XXL GmbH
Industriestraße 19
64407 Fränkisch-Crumbach 2018
www.edition-xxl.de

Idee und Projektleitung: Sonja Sammüller
Layout, Satz und Umschlaggestaltung:
design cat GmbH

ISBN 978-3-89736-381-6

Der Inhalt dieses Buches wurde von Autor und Verlag sorgfältig erwogen und geprüft. Es kann keine Haftung für Personen-, Sach- und/oder Vermögensschäden übernommen werden.

Kein Teil dieses Werkes darf ohne schriftliche Einwilligung des Verlages in irgendeiner Form (inkl. Fotokopien, Mikroverfilmung oder anderer Verfahren) reproduziert oder unter Verwendung elektronischer oder mechanischer Systeme verarbeitet, vervielfältigt oder verbreitet werden.

Vielen Dank an die Hebamme Uta für ihren unermüdlichen Rund-um-die-Uhr-Einsatz bei der Aufklärung zum Thema Baby-Nahrung. Des Weiteren möchte ich mich bei der Ernährungswissenschaftlerin Christine für ihre fachliche Unterstützung sowie bei allen Müttern und Babys bedanken, welche die Breie gekocht bzw. test-gegessen haben. Mein Dank geht nicht zuletzt an meine Familie, die mir das Bewusstsein und damit die Tragweite von gesunder Ernährung von klein auf vermittelt und so den Grundstein für dieses Buch gelegt hat.